판다언니의
첫 번째 자수

판다언니의 첫 번째 자수

—

2015년 2월 10일 1판 1쇄 발행
2018년 4월 20일 1판 15쇄 발행

—

지은이 박준영
펴낸이 이상훈
펴낸곳 책밥
주소 03986 서울시 마포구 동교로23길 116 3층
전화 번호 070) 7882-2400
팩스 번호 02) 335-6702
홈페이지 www.bookisbab.co.kr
등록 2007.1.31. 제313-2007-126호

기획·진행 기획1팀 김난아
디자인 디자인허브 김지선

—

ISBN 979-11-952479-4-3 (13630)
정가 13,000원

—

책밥은 (주)오렌지페이퍼의 출판 브랜드입니다.

이 도서의 국립중앙도서관 출판예정도서목록(CIP)은 서지정보유통지원시스템 홈페이지
(http://seoji.nl.go.kr)와 국가자료공동목록시스템(http://www.nl.go.kr/kolisnet)에서
이용하실 수 있습니다.(CIP제어번호: CIP2015002676)

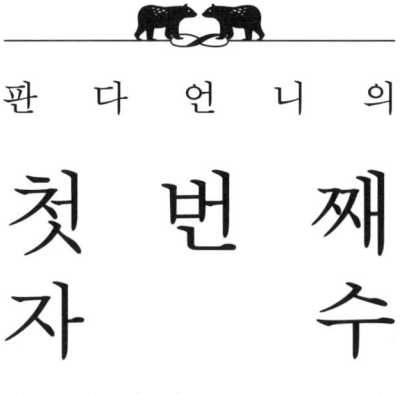

판다언니의

첫 번 째
자 수

박준영 지음

책밥

첫 만남

여행길에 들른 서점에서 처음 자수를 만났습니다. 그땐 가르쳐 주는 사람도 배울 만한 곳도 없어 책에 실린 사진만 보며 며칠 동안 독학으로 수를 놓았습니다.

최근에는 다양한 종류의 자수 서적을 구입할 수 있고 취미, 창업을 위한 강의도 많아 전보다 쉽게 자수를 접할 수 있습니다. 하지만 시간이 없어 강의를 들을 수 없거나 마음 놓고 여가 생활을 즐길 수 있는 환경이 갖춰지지 않은 분들이 많이 있습니다. 또는 내게 맞지 않는 난이도의 자수를 선택하여 중간에 포기한 분들도 있을 것입니다.

이렇듯 다양한 이유로 수를 놓아 보지 못한 분들을 위해 이 책을 집필하였습니다. 제가 우연히 자수를 접하고 여전히 바늘을 잡고 있는 것과 같이 우연히 집어든 이 책이 자수의 매력을 느낄 수 있는 여러분의 첫 번째 책이 되었으면 합니다.

차
분
한
시
간

햇살이 잘 드는 창가나 조용한 음악이
흐르는 카페에 앉아 수를 놓으며 어지
러운 마음을 정리해 보세요. 바늘과 실
에 집중하면 나를 잔뜩 괴롭히던 고민
과 상념을 잠시 동안 잊을 수 있습니다.

조만간 만나게 될 내 아이의 건강을 기
원하며 태교 바느질을 시작해 보세요.
엄마의 마음이 아이에게도 전달될 것
입니다. 실생활에서 사용할 수 있는 소
품을 만들고 사랑하는 사람들에게 선
물해 보는 것도 좋습니다. 따뜻한 시간
에 수놓은 완성작이 상대방에게 좋은
기운을 불어넣어 줄 것입니다.

차 례

20가지 스티치 익히기

/ 첫 번 째 시 간

심플한 주방 용품 자수

/ 두 번 째 시 간

아기자기한 생필품 자수

미리보기

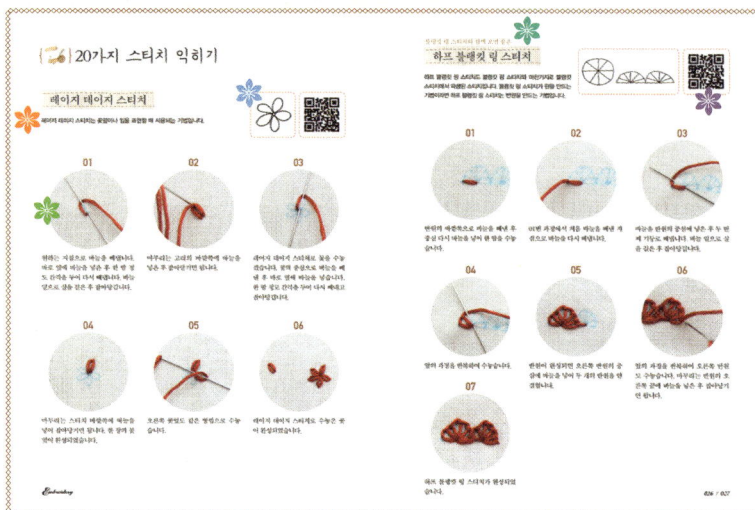

🔸 각각의 스티치를 간단하게 설명해 줍니다. 주로 쓰이는 용도를 소개하여 독자의 이해도를 높입니다.

🔹 20가지 기본 스티치를 수놓는 방법입니다. 초보자도 쉽게 이해할 수 있도록 자세한 과정 설명과 사진을 담았습니다.

🔷 20가지 기본 스티치에 사용된 도안입니다. 누구나 쉽게 따라 그릴 수 있습니다.

🔶 20가지 기본 스티치와 함께 보면 좋은 응용 스티치입니다. 수가 놓이는 과정이 기본 스티치와 조금씩 다르기 때문에 비교해 볼 수 있습니다.

🌸 스티치를 수놓는 과정이 어려운 분들을 위해 동영상 QR코드를 제공합니다.

🔸 '사용한 스티치'는 각각의 자수에 사용된 스티치를 미리 볼 수 있습니다.

🔹 '사용한 자수실'은 각각의 자수에 사용된 실 종류와 번호입니다. 만약 해당되는 실이 없을 시 대체하여 사용할 수 있는 실의 정보도 표기하였습니다.

🔷 '작업 예상 시간'은 평균적으로 수놓는 데 걸리는 시간입니다.

🌿 '작품 사이즈'는 완성된 소품의 크기입니다.

🟣 '자수 사이즈'는 완성된 자수의 크기입니다. 초보자의 눈높이에 맞춰 작은 크기의 도안을 주로 사용하였습니다.

🌸 '준비물'은 실과 바늘을 제외한 부자재입니다. 개인의 취향에 따라 수틀의 크기, 모양, 원단을 선택하면 됩니다.

🔸 스티치와 실 정보가 들어 있는 도안입니다. 실의 종류를 쉽게 구분할 수 있도록 가장 많이 사용되는 25번사를 제외한 다른 실에만 품목을 기입하였습니다. 실 번호 뒤에 있는 괄호 안의 숫자는 실의 가닥 수를 표기한 것입니다.

🟣 취향에 맞는 원단을 골라 소품을 만들 수 있도록 치수, 만드는 방법을 일러스트로 실었습니다. 자신의 체형과 기호에 맞춰 다양하게 재단하면 됩니다.

🌼 수를 놓는 방법입니다. 초보자도 쉽게 이해할 수 있도록 자세한 과정 설명과 사진을 담았습니다.

🌸 과정 사진을 여러 각도로 확대한 사진입니다. 자수의 전체 사진과 확대 사진이 함께 있어 쉽게 수를 놓을 수 있습니다.

🌷 수를 놓는 데 사용된 스티치입니다. 스티치를 자세히 배울 수 있는 쪽 번호를 표기하였습니다.

🌿 수를 놓은 원단을 작은 소품으로 만들어 보는 과정입니다.

🌼 소품을 만드는 데 사용되는 실물 크기의 원단 도안을 브로마이드로 제공하여 복잡한 재단을 손쉽게 해결할 수 있도록 도와줍니다.

🌿 도안 그리는 데 어려움을 느끼는 분들을 위해 실물 크기의 자수 도안을 브로마이드로 제공합니다.

준비물

|수틀|

① 나무 수틀
이 책에서 주로 사용하는 수틀입니다. 도안 크기에 따라 7.5cm, 10cm, 12cm 등 다양한 크기의 수틀을 사용하면 됩니다.

② 고무 수틀
고무 수틀 중에는 고리가 달려 있는 것이 있습니다. 수틀로 사용한 후 액자처럼 벽에 걸거나 선물용으로 사용할 수 있습니다.

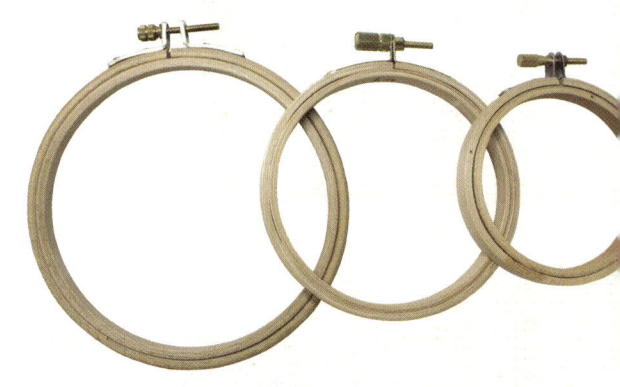

|자수실|

① DMC 25번사
DMC 25번 면실 또는 십자수실로 불리우는 이 실은 자수에서 가장 많이 사용하는 실입니다. 총 6가닥으로 이루어져 있으며 원하는 만큼 가닥을 뽑아내어 실의 굵기를 조절할 수 있습니다.

② DMC 5번사(펄코튼사)
DMC 25번사보다 두께가 굵습니다. 또한 선명하게 꼬여 있는 형태를 갖추었으며 광택이 납니다. 주로 굵은 선을 표현하거나 입체적인 느낌을 줄 때 사용합니다.

tip 자수실 앞에 붙는 번호는 실의 두께를 나타냅니다. 숫자가 클수록 실의 두께는 가늘어집니다.
4번사 〉 5번사 〉 25번사

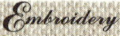

③ DMC 4번사

DMC 5번사보다 두께가 굵습니다. 높은 채도의 색상과 달리 부드러운 질감을
가진 실입니다. 입체적인 느낌을 주거나 울실 대용으로 사용합니다.

④ 애플톤 울실

100% 양모로 보송보송한 질감을 가지고 있습니다. 니트, 방울 등과 같은 겨울
철 자수나 털, 머리카락 등을 표현할 때 사용합니다.

⑤ 메탈실(메탈릭사)

화려한 색상을 가지고 있어 포인트를 주고 싶을 때 자주 사용합니다. 뻣뻣할
것 같지만 의외로 부드러운 질감을 가지고 있어 쉽게 수를 놓을 수 있습니다.
실을 길게 사용하면 천을 오가면서 금방 해질 수 있기 때문에 35~40cm 정도
짧게 잘라 쓰는 것이 좋습니다.

⑥ 재봉실

재봉실은 시중에서 쉽게 구할 수 있는 실입니다. 원단의 색상에 맞춰 사용하거
나 포인트용으로 눈에 띄는 색상을 사용해도 됩니다.

⑦ 아플리케실

일반 실보다 튼튼하여 잘 끊어지지 않는 실입니다. 퀼트실로 대체하여 사용할
수도 있습니다.

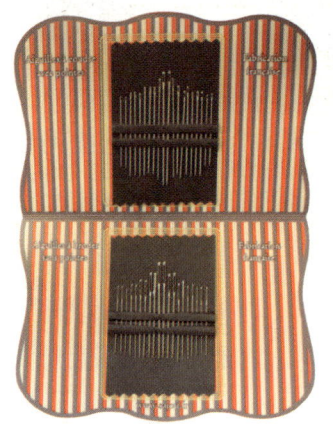

| 바늘 |

① 자수 바늘

주로 끝이 둥근 바늘과 끝이 뾰족한 바늘을 나눠 사용합니다. 끝이 둥근 바늘은 바늘 끝을 자주 만져야 하는 스티치를 수놓을 때 사용하고 끝이 뾰족한 바늘은 선을 수놓을 때 사용하면 좋습니다.

② 아플리케 바늘

원단을 바느질하거나 비즈를 달 때 사용합니다.

| 원단 |

아래의 사진은 다양한 원단 중 하나인 리넨입니다. 리넨은 바늘이 오가기 쉬운 원단이기 때문에 장시간 수를 놓거나 바느질할 때 다른 직조보다 손의 피로를 줄일 수 있습니다. 리넨이 없다면 면 소재의 원단에 수를 놓아도 좋습니다. 수틀보다 크기가 작거나 너무 큰 원단을 사용하지 않도록 알맞게 잘라서 써야 합니다.

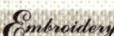

| 가위 |

① 가위
원단을 자를 때 사용합니다.

② 쪽가위
끝이 뾰족한 가위는 실을 자르거나 마무리할 때 사용합니다.

| 펜 |

① 수성펜
물에 닿으면 쉽게 지워지기 때문에 도안을 그릴 때 주로 사용합니다.

② 전사펜
밑그림을 그린 후 다리미질하여 원단에 도안을 옮길 때 사용합니다.

③ 아이언펜
어두운 색의 원단에 도안을 그릴 때 사용하는 펜입니다. 다리미의 열을 이용하면 펜이 지나간 자리를 손쉽게 지울 수 있습니다.

{🧵} 자수 기초 배우기

수틀 사용하는 방법

01

나사를 돌려 수틀을 분리합니다.

02

나사가 없는 수틀을 바닥에 내려놓습니다.

03

수틀 위에 원단을 올려 줍니다. 도안이 그려진 원단이라면 수틀 중앙에 그림이 올 수 있도록 배치합니다.

04

나사가 있는 수틀을 원단 위에 올린 후 눌러 줍니다. 이때 원단이 평평하게 펴질 수 있도록 합니다.

05

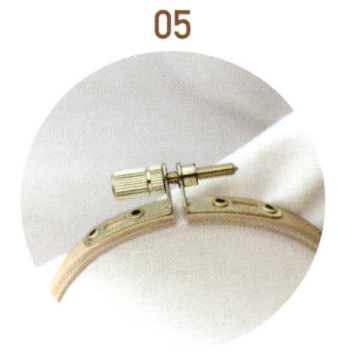

나사를 조여 수틀이 분리되지 않도록 고정시킵니다.

보빈에 실 감는 방법

01

보빈에 직접 실 번호를 쓰거나 번호
표를 붙입니다. 실 포장지에 있는 번
호를 오려서 사용해도 됩니다.

02

실 포장지를 벗긴 후 동그랗게 벌려
정리합니다.

03

빠져나온 실 끝을 잡아 보빈의 구멍
에 걸어 놓습니다.

04

보빈에 실을 감아 줍니다.

05

실의 끝 부분이 풀리지 않도록 보빈
홈에 끼워 넣습니다.

06

보빈에 실을 감은 후 보빈함이나 상
자 등에 넣어 보관합니다. 햇볕이 잘
드는 곳에 장기간 보관할 경우 색이
변할 수 있으니 주의합니다.

바늘에 실 꿰고 매듭짓는 방법

01

실을 바늘귀에 통과시킵니다. 실 가닥의 개수는 도안에 맞춰 정하면 됩니다.

02

바늘귀에 걸린 실을 5~6cm 정도 잡아당깁니다.

03

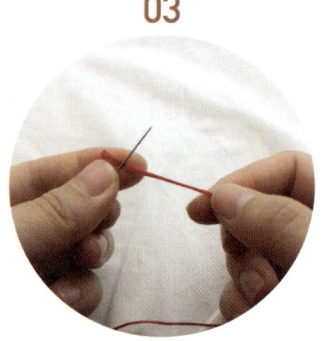

실의 끝 부분을 바늘 밑으로 가져다 댑니다.

04

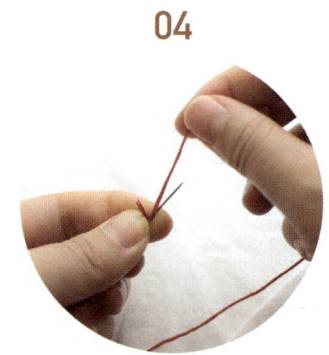

바늘에 실을 2~3번 감아 줍니다.

05

감긴 부분을 잡고 화살표 방향으로 바늘만 쭉 잡아당깁니다.

06

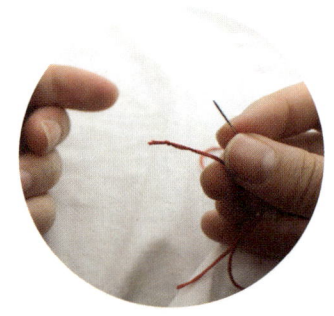

실 끝 부분에 매듭이 만들어졌습니다.

Embroidery

전사펜으로 도안 옮기는 방법

01

전사펜으로 도안 옮기는 방법을 배워 보겠습니다. 이때는 도안이 반전되기 때문에 처음부터 반전된 이미지를 준비해야 합니다.

02

도안 크기에 맞춰 트레이싱 페이퍼(기름종이)를 준비합니다.

03

트레이싱 페이퍼를 도안에 가져다 댑니다.

04

전사펜으로 도안을 따라 그립니다.

05

도안이 그려진 트레이싱 페이퍼를 원단과 마주볼 수 있도록 올려놓습니다. 달궈진 다리미로 눌러 줍니다.

06

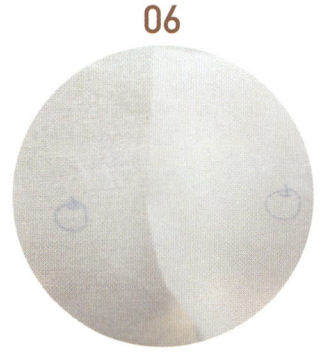

원단에 도안이 옮겨졌습니다. 전사펜이 없다면 햇살이 드는 창문에 도안과 원단을 포개어 놓고 비춰지는 도안을 그려 줍니다. 이때는 반전된 이미지를 사용하지 않아도 됩니다.

{🧵} 20가지 스티치 익히기

레이지 데이지 스티치

레이지 데이지 스티치는 꽃잎이나 잎을 표현할 때 사용하는 기법입니다.

01

원하는 지점으로 바늘을 빼냅니다. 바로 옆에 바늘을 넣은 후 한 땀 정도 간격을 두어 다시 빼냅니다. 바늘 밑으로 실을 걸은 후 잡아당깁니다.

02

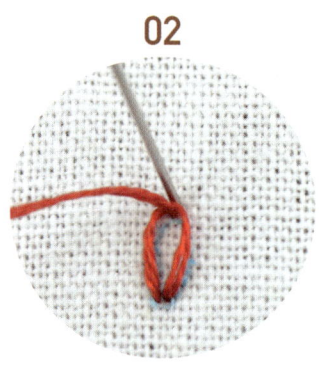

마무리는 고리의 바깥쪽에 바늘을 넣은 후 잡아당기면 됩니다.

03

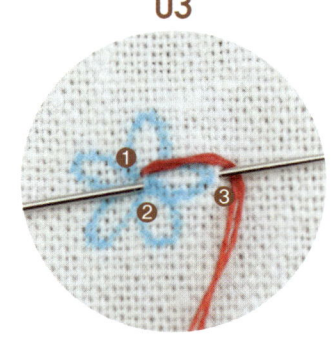

레이지 데이지 스티치로 꽃을 수놓겠습니다. ❶꽃의 중심으로 바늘을 빼낸 후 ❷바로 옆에 바늘을 넣습니다. ❸한 땀 정도 간격을 두어 다시 빼내고 잡아당깁니다.

04

마무리는 02번 과정과 같이 스티치 바깥쪽에 바늘을 넣어 잡아당기면 됩니다. 한 장의 꽃잎이 완성되었습니다.

05

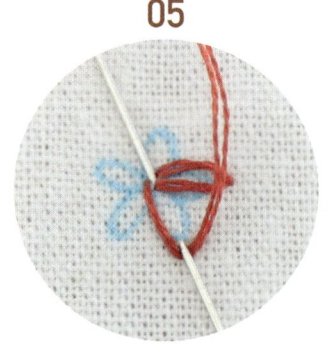

오른쪽 꽃잎도 같은 방법으로 수놓습니다.

06

레이지 데이지 스티치로 수놓은 꽃이 완성되었습니다.

더블 레이지 데이지 스티치

레이지 데이지 스티치를 수놓은 후 그 안에 작은 레이지 데이지를 반복하여 수놓는 기법입니다. 꽃잎의 면적을 채울 때 자주 사용됩니다.

01

원하는 지점으로 바늘을 빼냅니다. 바로 옆에 바늘을 넣은 후 한 땀 정도 간격을 두어 다시 빼냅니다. 바늘 밑으로 실을 걸은 후 잡아당깁니다.

02

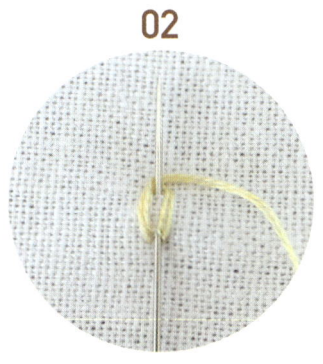

레이지 데이지 스티치가 완성되었으면 그 안에 01번 과정과 같은 방법으로 작은 레이지 데이지 스티치를 수놓습니다.

03

2개의 레이지 데이지 스티치가 겹쳐졌습니다. 이것을 더블 레이지 데이지 스티치라고 합니다. 마무리는 스티치 바깥쪽에 바늘을 넣고 잡아당기면 됩니다.

04

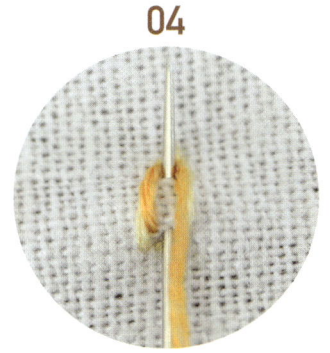

다른 색상의 실을 사용하면 스티치를 투톤(two-tone)으로 표현할 수 있습니다. 연한 노란색 실로 레이지 데이지 스티치를 수놓은 후 그 안에 진한 노란색 실로 작은 레이지 데이지 스티치를 수놓습니다.

05

두 가지 느낌의 더블 레이지 스티치가 완성되었습니다.

러닝 스티치

러닝 스티치는 윤곽이나 선을 표현할 때 사용하는 스티치로 홈질과 같습니다.

01

원하는 위치로 바늘을 빼냅니다.

02

한 땀 정도 간격을 두어 바늘을 넣고 다시 빼냅니다.

03

한 번 더 반복해 보겠습니다. 한 땀 정도 간격을 두어 바늘을 넣고 다시 빼냅니다.

04

실을 잡아당기면 다음과 같은 점선 이 생깁니다.

05

앞의 과정을 반복하면 러닝 스티치 가 완성됩니다. 이때 바늘땀의 길이 를 일정하게 맞추면 보기 좋은 러닝 스티치를 수놓을 수 있습니다.

롱 앤드 쇼트 스티치

롱 앤드 쇼트 스티치는 길고 짧은 땀을 연속으로 수놓는 기법입니다. 이 책에서는 주로 곡선 형태를 가진 도형의 면적을 채울 때 사용했습니다.

01

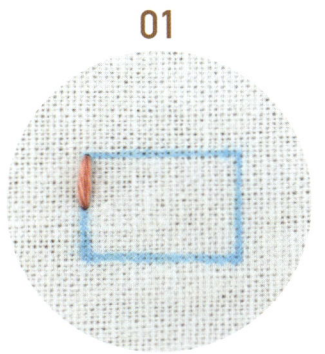

미리 그려 놓은 도안에 다음과 같이 한 땀을 수놓습니다. 이 한 땀은 롱(long)에 해당됩니다.

02

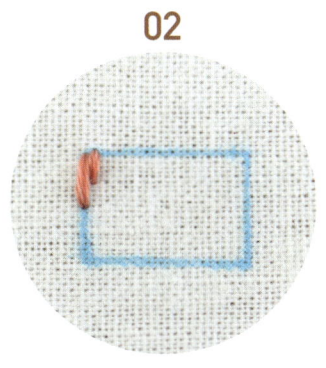

바로 오른쪽에 반 땀을 수놓습니다. 이 반 땀은 쇼트(short)에 해당됩니다.

03

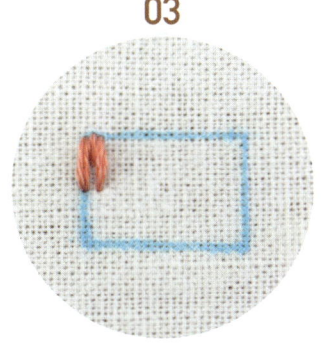

바로 오른쪽에 다시 한 땀을 수놓습니다.

04

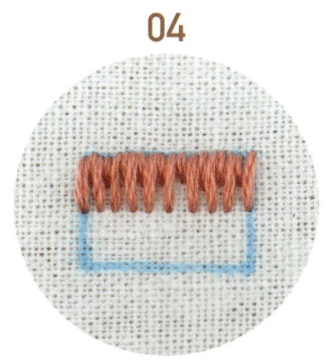

한 땀과 반 땀을 번갈아 가며 수놓아 면적을 채웁니다.

05

아래쪽 면적을 채우겠습니다. 02번 과정에서 수놓은 반 땀 아래에서 시작합니다. 아래쪽에서 위쪽으로 한 땀을 수놓습니다.

06

05번 과정과 마찬가지로 다음 반 땀 아래에서 시작합니다. 아래쪽에서 위쪽으로 한 땀을 수놓습니다.

07

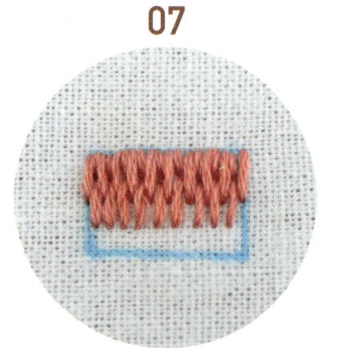

두 번째 줄이 완성되었습니다.

08

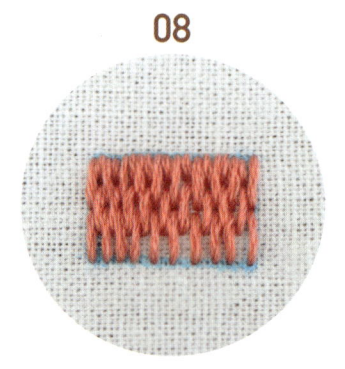

세 번째 줄도 땀과 땀 사이에 빈 공간을 채우는 것처럼 수놓습니다.

09

남은 빈 곳이 있기 때문에 반 땀으로 수놓습니다. 롱 앤드 쇼트 스티치가 완성되었습니다.

10

미리 그려 놓은 꽃잎에 롱 앤드 쇼트 스티치를 수놓아 보겠습니다. 이때 실의 방향은 꽃잎의 꼭지를 향해 있어야 합니다. 한 땀과 반 땀을 번갈아 가며 롱 앤드 쇼트 스티치를 연습해 봅니다.

11

앞의 과정과 마찬가지로 반 땀 밑에 한 땀을 수놓습니다. 사진에서는 땀이 지나가는 모습을 잘 볼 수 있도록 진한 분홍색 실을 사용하였습니다.

12

마지막으로 땀 사이사이를 한 땀씩 수놓아 꽃잎을 완성합니다.

백 스티치

백 스티치는 주로 선을 수놓을 때 사용하는 스티치이며 박음질과 같은 형태입니다.

01

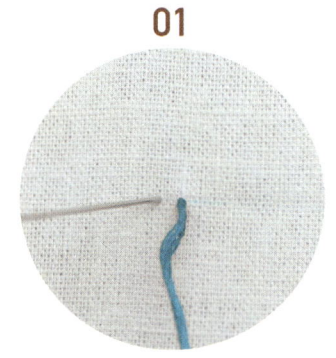

원하는 지점으로 바늘을 빼낸 후 왼쪽으로 한 땀 정도 간격을 두어 바늘을 다시 넣습니다.

02

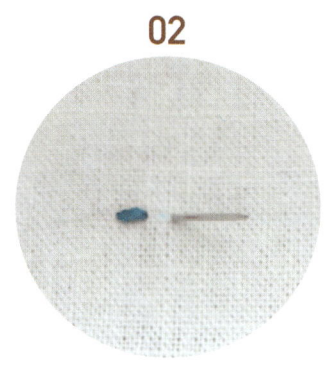

처음 실을 빼낸 자리에서 오른쪽으로 한 땀 정도 간격을 두어 바늘을 빼냅니다.

03

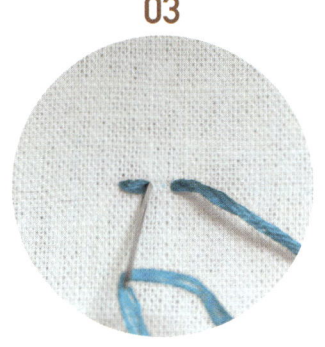

01번 과정에서 바늘을 빼낸 지점에 다시 바늘을 넣습니다.

04

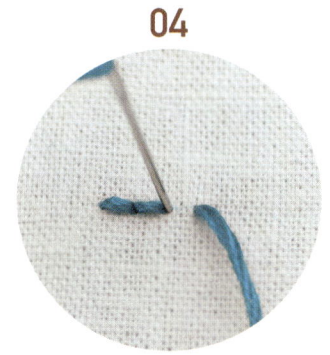

오른쪽으로 한 땀 정도 간격을 두어 바늘을 빼냅니다. 02번 과정에서 바늘을 빼낸 지점에 다시 바늘을 넣습니다.

05

백 스티치가 완성되었습니다.

블랭킷 스티치

블랭킷 스티치는 원단의 모서리를 직각으로 수놓는 기법입니다. 버튼홀 스티치와 흡사한 모양이지만 바늘이 들어가는 방향과 고리 끝 부분의 생김새가 약간 다릅니다.

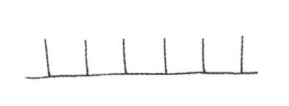

01

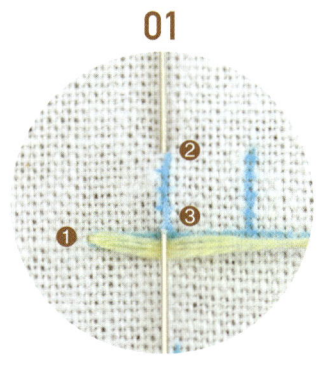

❶도안을 따라 왼쪽 끝으로 바늘을 빼냅니다. ❷기둥 상단에 바늘을 넣은 후 ❸하단으로 다시 빼냅니다. 바늘 밑으로 실을 걸은 후 잡아당깁니다.

02

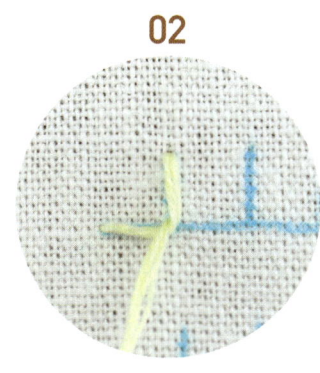

바늘을 끝까지 잡아당기면 첫 번째 선이 만들어집니다.

03

❶기둥 상단에 바늘을 넣은 후 ❷하단으로 다시 빼냅니다. 바늘 밑으로 실을 걸은 후 잡아당깁니다.

04

앞 과정을 반복하여 수놓습니다. 오른쪽 끝에 바늘을 넣어 마무리합니다.

05

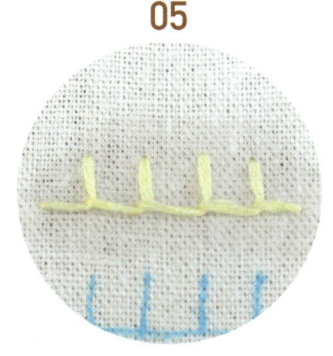

블랭킷 스티치가 완성되었습니다.

블랭킷 스티치와 함께 보면 좋은

버튼홀 스티치

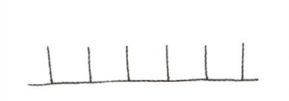

버튼홀 스티치는 단추를 달거나 바느질 마무리 등 실이 풀리는 것을 막을 때 사용됩니다. 블랭킷 스티치와 비슷하지만 약간 다르니 주의하여 연습해 보기 바랍니다.

01

도안을 따라 왼쪽 끝으로 바늘을 빼냅니다. 기둥 하단에 바늘을 넣은 후 상단으로 다시 빼냅니다. 바늘 밑으로 실을 걸은 후 잡아당깁니다.

02

기둥 하단에 바늘을 넣은 후 상단으로 다시 빼냅니다. 바늘 밑으로 실을 걸은 후 잡아당깁니다.

03

앞의 과정을 반복하면 버튼홀 스티치가 완성됩니다.

04

블랭킷 스티치와 버튼홀 스티치를 보면 하단의 모양이 약간 다른 것을 확인할 수 있습니다. 모양을 신경 쓰지 않는 단추를 달 때는 2개의 스티치를 혼동하여 사용해도 괜찮습니다. 하지만 각각의 스티치 모양을 살리고 싶다면 원하는 스티치를 골라 사용하길 바랍니다.

블랭킷 링 스티치

블랭킷 링 스티치는 블랭킷 스티치에서 파생된 기법입니다. 원의 중심을 기준으로 삼아 방사형으로 수놓으면 링이 만들어집니다.

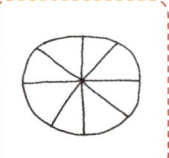

01

기둥과 기둥 사이인 지점으로 바늘을 빼냅니다. 원의 중심에 바늘을 넣은 후 기둥 끝으로 다시 빼냅니다. 바늘 밑으로 실을 걸은 후 화살표 방향으로 잡아당깁니다.

02

첫 번째 기둥이 완성되면 원의 중심에 바늘을 넣고 두 번째 기둥으로 다시 빼냅니다. 바늘 밑으로 실을 걸은 후 화살표 방향으로 잡아당깁니다.

03

앞의 과정을 반복하여 수놓습니다. 처음 바늘을 빼낸 지점에 바늘을 넣어 마무리합니다.

04

블랭킷 링 스티치가 완성되었습니다.

블랭킷 링 스티치와 함께 보면 좋은

하프 블랭킷 링 스티치

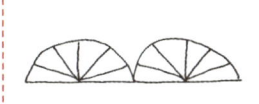

하프 블랭킷 링 스티치도 블랭킷 링 스티치와 마찬가지로 블랭킷 스티치에서 파생된 스티치입니다. 블랭킷 링 스티치가 원을 만드는 기법이라면 하프 블랭킷 링 스티치는 반원을 만드는 기법입니다.

01

❶반원의 바깥쪽으로 바늘을 빼냅니다. ❷반원 중심에 다시 바늘을 넣어 한 땀을 수놓습니다.

02

01번 과정에서 처음 바늘을 빼낸 지점으로 바늘을 다시 빼냅니다.

03

❶바늘을 반원의 중심에 넣은 후 ❷두 번째 기둥으로 빼냅니다. 바늘 밑으로 실을 걸은 후 잡아당깁니다.

04

앞의 과정을 반복하여 수놓습니다.

05

반원이 완성되면 오른쪽 반원의 중심에 바늘을 넣어 2개의 반원을 연결합니다.

06

앞의 과정을 반복하여 오른쪽 반원도 수놓습니다. 마무리는 반원의 오른쪽 끝에 바늘을 넣은 후 잡아당기면 됩니다.

07

하프 블랭킷 링 스티치가 완성되었습니다.

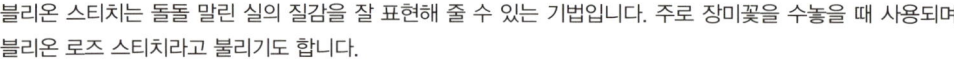

블리온 스티치

블리온 스티치는 돌돌 말린 실의 질감을 잘 표현해 줄 수 있는 기법입니다. 주로 장미꽃을 수놓을 때 사용되며 블리온 로즈 스티치라고 불리기도 합니다.

01

왼쪽 선 끝으로 바늘을 빼냅니다. 그 곳에서 오른쪽으로 한 땀 정도 간격을 두어 바늘을 넣은 후 처음 바늘을 빼낸 지점으로 다시 돌아와 빼냅니다.

02

원단을 뜬 길이만큼 바늘에 실을 감아 걸어 줍니다. 사진에서는 5번 감았습니다. 바늘을 왼쪽으로 잡아당깁니다.

03

왼쪽에 있는 실을 오른쪽으로 잡아당깁니다.

04

돌돌 말린 모양으로 수놓아졌습니다.

05

수가 끝나는 부분에 바늘을 넣어 마무리합니다.

06

블리온 스티치가 완성되었습니다.

07

블리온 스티치로 장미를 수놓는 방법을 배워 보겠습니다. 먼저 삼각형 모양으로 블리온 스티치를 수놓습니다.

08

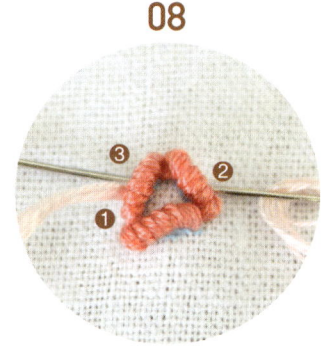

❶삼각형의 왼쪽 변으로 바늘을 빼냅니다. ❷삼각형의 오른쪽 변에 바늘을 넣은 후 ❸다시 왼쪽 변으로 빼냅니다.

09

원단을 뜬 길이만큼 바늘에 실을 감은 후 잡아당깁니다. 사진에서는 6번 감았습니다.

10

왼쪽에 있는 실을 오른쪽으로 잡아당긴 후 돌돌 말린 실을 잘 정리해 줍니다. ❶삼각형의 아래쪽 변에 바늘을 넣은 후 ❷오른쪽으로 빼냅니다.

11

원단을 뜬 길이만큼 바늘에 실을 감은 후 바늘을 위쪽으로 잡아당깁니다. 실을 아래쪽으로 잡아당깁니다.

12

실이 끝나는 곳에 바늘을 넣어 마무리합니다. 장미의 꽃잎이 겹쳐진 모양이 표현됩니다.

13

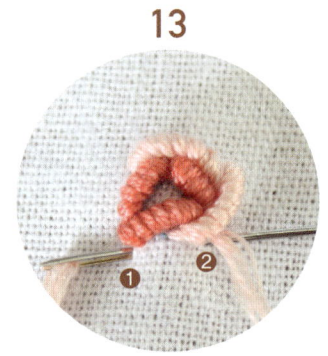

❶삼각형의 아래쪽 변에 바늘을 넣은 후 ❷오른쪽으로 다시 빼냅니다.

14

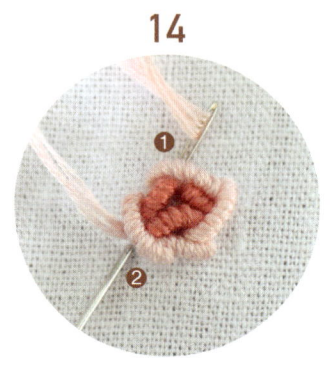

마지막 블리온 로즈 스티치를 수놓겠습니다. ❶위쪽에 바늘을 넣은 후 ❷아래쪽 대각선 방향으로 다시 빼냅니다.

15

마무리는 실이 끝나는 지점에 바늘을 넣고 잡아당기면 됩니다.

16

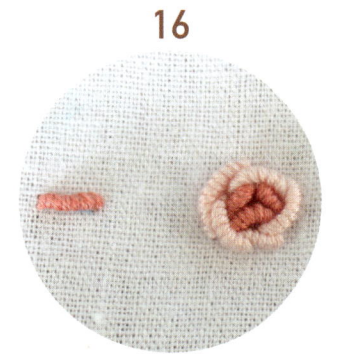

장미가 완성되었습니다.

새틴 스티치

새틴 스티치는 실의 방향을 일정하게 하여 수놓는 기법입니다. 주로 면적을 채울 때 사용합니다.

01

원의 윗부분으로 바늘을 빼냅니다.

02

원의 아랫부분에 바늘을 넣고 잡아 당깁니다. 원을 가로지르는 가이드 선이 만들어 집니다.

03

가이드선을 기준으로 삼아 원의 왼쪽 면부터 채워 보겠습니다. 원의 위쪽으로 바늘을 빼낸 후 아래쪽에 넣습니다.

04

앞의 과정을 반복하여 수놓습니다. 면을 채울 때 중앙에서 가장 자리로 이동하면 쉽게 수평을 잡을 수 있어 스티치 모양이 깔끔해집니다.

05

같은 방법으로 오른쪽 면도 채웁니다.

06

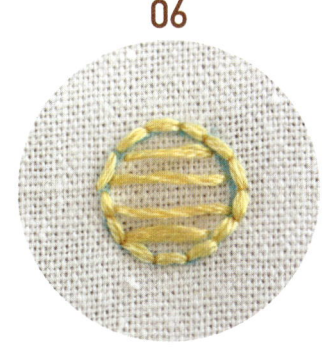

입체감 있는 새틴 스티치를 만들어 보겠습니다. 원의 선은 백 스티치로 수놓고 스트레이트 스티치로 원을 가로지르는 선을 수놓습니다.

07

가이드선을 만들어 주고 중심부터 가장자리로 이동하며 새틴 스티치를 수놓습니다.

08

같은 방법으로 오른쪽 면도 채웁니다.

09

측면에서 바라볼 때 오른쪽 원이 왼쪽 원보다 도톰한 것을 확인할 수 있습니다.

스트레이트 스티치

스트레이트 스티치는 직선 모양으로 수를 놓는 기법입니다. 스트레이트 스티치를 방사형으로 수놓으면 꽃을 만들 수 있습니다.

01

미리 그려 놓은 직선 도안의 한 쪽 끝으로 바늘을 빼낸 후 반대편 끝에 다시 넣습니다.

02

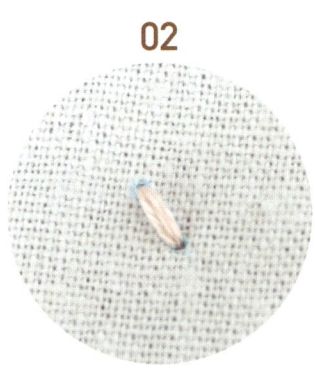

스트레이트 스티치가 완성되었습니다.

03

방사형 스트레이트 스티치를 배워 보겠습니다. 미리 그려 놓은 방사형 도안의 바깥쪽 끝으로 바늘을 빼낸 후 반대편 끝에 다시 넣습니다.

04

같은 방법으로 수를 놓으면 스트레이트 스티치로 꽃을 만들 수 있습니다.

05

방사형 스트레이트 스티치를 다양하게 응용하여 수를 놓기 바랍니다.

스파이더 웹 로즈 스티치

스파이더 웹 로즈 스티치는 원 안에 5개의 기둥을 그린 후 기둥 사이를 오가며 수를 놓는 기법입니다. 주로 장미를 표현하는 데 사용합니다.

01

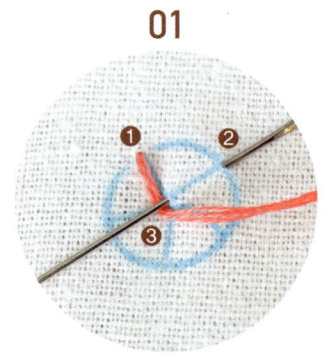

❶왼쪽 상단의 기둥 끝으로 바늘을 빼냅니다. ❷오른쪽 상단의 기둥 끝에 바늘을 넣은 후 ❸원의 중심으로 다시 빼냅니다. 바늘 밑으로 실을 걸고 잡아당깁니다.

02

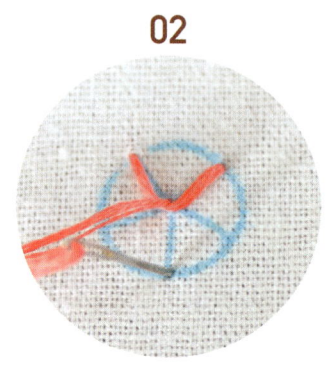

원의 하단 기둥 끝에 바늘을 넣어 Y를 만듭니다.

03

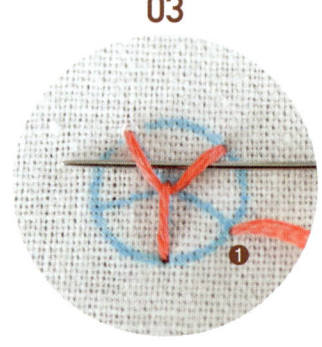

❶오른쪽 기둥 끝으로 바늘을 빼낸 후 상단 두 땀 사이를 통과시킵니다.

04

왼쪽 기둥 끝에 바늘을 넣습니다.

05

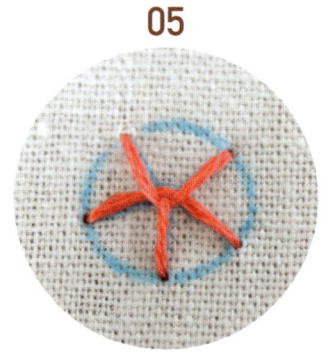

스파이더 웹 로즈 스티치를 구성하는 5개의 기둥이 만들어졌습니다.

06

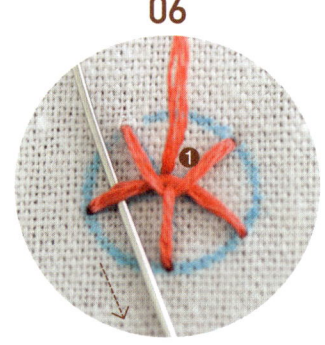

스파이더 웹 로즈 스티치로 꽃을 수놓아 보겠습니다. ❶원의 중심으로 바늘을 빼냅니다. 화살표 방향을 따라왼쪽 두 번째 기둥으로 바늘을 통과시킵니다.

07

다음과 같이 기둥 하나를 건너뛰고 화살표 방향을 따라 다음 기둥으로 바늘을 통과시킵니다.

08

기둥이 보이지 않을 때까지 반복합니다. 꽃잎 안쪽으로 바늘을 넣어 마무리합니다.

09

스파이더 웹 로즈 스티치가 완성되었습니다.

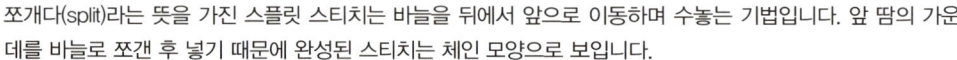

스플릿 스티치

쪼개다(split)라는 뜻을 가진 스플릿 스티치는 바늘을 뒤에서 앞으로 이동하며 수놓는 기법입니다. 앞 땀의 가운데를 바늘로 쪼갠 후 넣기 때문에 완성된 스티치는 체인 모양으로 보입니다.

01

한 땀을 수놓은 후 그 땀의 길이만큼 떨어진 곳에서 바늘을 빼냅니다.

02

앞 땀의 가운데를 바늘로 쪼갠 후 넣습니다.

03

다시 한 땀 뒤에서 바늘을 빼내고 앞 땀을 쪼갠 후 넣습니다. 반복하여 수놓습니다.

04

스플릿 스티치가 완성되었습니다.

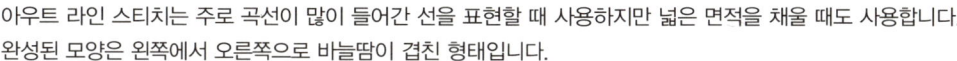

아우트 라인 스티치

아우트 라인 스티치는 주로 곡선이 많이 들어간 선을 표현할 때 사용하지만 넓은 면적을 채울 때도 사용합니다.
완성된 모양은 왼쪽에서 오른쪽으로 바늘땀이 겹친 형태입니다.

01

원하는 위치로 바늘을 빼낸 후 오른
쪽으로 바늘을 넣습니다. 실이 고리
형태가 남을 때까지만 잡아당깁니다.

02

고리 사이로 바늘을 빼냅니다.

03

실을 쭉 잡아당긴 후 다시 오른쪽으
로 한 땀 이동하여 바늘을 넣습니다.

04

실이 고리 형태가 남을 때까지만 잡
아당긴 후 고리 사이로 바늘을 빼냅
니다.

05

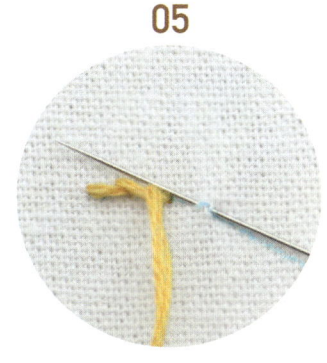

앞의 과정을 한 번에 진행하려면 다
음과 같이 바늘을 넣고 빼내면 됩니
다. 편한 방법을 택하여 수놓습니다.

06

아우트 라인 스티치가 완성되었습
니다.

오픈 휘프 스파이더 웹 스티치

오픈 휘프 스파이더 웹 스티치는 기둥을 수놓은 후 그 기둥을 휘감으며 이동하는 기법입니다. 주로 양말이나 모자의 끝 부분을 표현할 때 사용합니다.

01
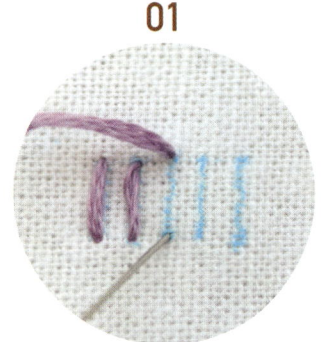

미리 그려 놓은 도안에 스트레이트 스티치로 6개 기둥을 수놓습니다.

02
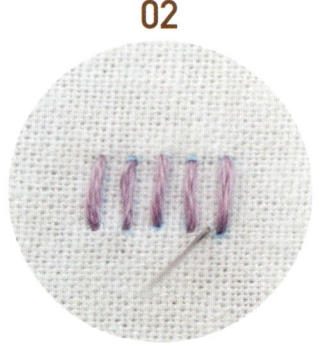

오른쪽 기둥 안쪽으로 바늘을 빼냅니다.

03
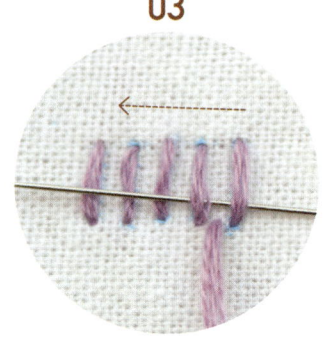

다음과 같이 2개의 기둥에 화살표 방향을 따라 바늘을 통과시킵니다.

04

오른쪽 1개의 기둥을 건너뛰고 다음 2개의 기둥에 화살표 방향을 따라 바늘을 통과시킵니다.

05
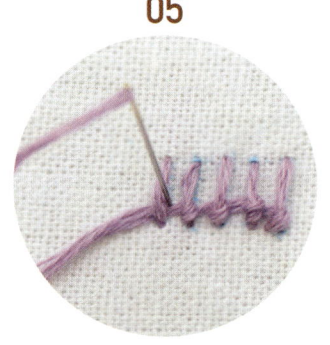

마지막 기둥까지 모두 통과시킨 후 안쪽에 바늘을 넣어 마무리합니다.

06

두 번째 줄의 시작 지점으로 바늘을 빼냅니다.

07

다음과 같이 수를 놓은 후 기둥 안쪽에 바늘을 넣어 마무리합니다.

08

오픈 휘프 스파이더 웹 스티치가 완성되었습니다.

체인 스티치

체인 스티치는 체인 모양으로 수를 놓는 기법입니다. 주로 두꺼운 선을 표현하거나 면적을 채울 때 사용합니다.

01

❶원하는 지점으로 바늘을 빼낸 후 ❷약간 아래쪽에 다시 바늘을 넣고 ❸한 땀 정도 간격을 두어 다시 빼냅니다. 실을 바늘 밑으로 걸어 줍니다.

02

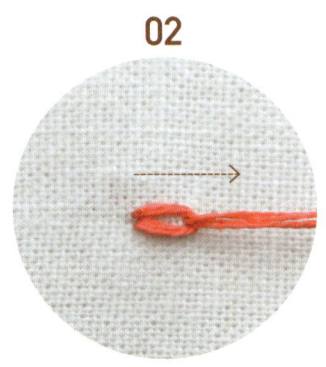

화살표 방향으로 바늘을 잡아당기면 첫 번째 작은 체인 스티치가 완성됩니다.

03

❶체인 안쪽에 바늘을 넣은 후 ❷한 땀 정도 간격을 두어 다시 빼냅니다. 바늘 밑으로 실을 걸어 줍니다.

04

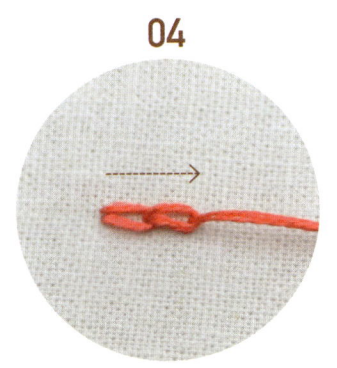

화살표 방향으로 바늘을 잡아당기면 두 번째 작은 체인 스티치가 완성됩니다.

05

앞의 과정을 반복하여 수를 놓습니다. 체인 스티치를 마감할 때는 마지막 체인의 바깥쪽에 바늘을 넣으면 됩니다.

06

체인 스티치가 완성되었습니다.

헤비 체인 스티치

헤비 체인 스티치는 체인 스티치에서 파생된 기법입니다. 체인 스티치보다 굵기가 두껍기 때문에 땋은 머리, 뜨개질 모양 등 두꺼운 선을 표현하는 데 사용합니다.

01

임의로 지정한 곳에 가땀을 수놓은 후 한 땀 정도 간격을 두어 바늘을 빼냅니다.

02

앞서 수놓은 땀에 바늘을 통과시킵니다.

03

실을 잡아당긴 후 01번 과정에서 바늘을 빼낸 지점에 다시 바늘을 넣으면 1개의 체인이 완성됩니다.

04

이번에는 한 땀 정도 간격을 두어 바늘을 빼냅니다. 앞서 만든 체인에 화살표 방향을 따라 바늘을 통과시킵니다.

05

같은 방법으로 04번 과정에서 바늘을 빼낸 지점에 다시 바늘을 넣습니다. 반복하여 수놓습니다.

06

헤비 체인 스티치가 완성되었습니다.

터키 스티치

터키 스티치는 동물의 털이나 풍성한 질감의 사물을 표현할 때 사용하는 기법입니다.

01

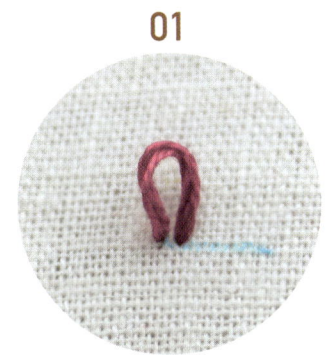

미리 그려 놓은 도안의 끝 부분으로 바늘을 빼낸 후 그 옆에 바로 넣어 고리 형태가 남을 때까지만 잡아당깁니다.

02

❶왼쪽으로 바늘을 빼낸 후 ❷오른쪽에 다시 넣습니다. 이번에는 실을 끝까지 잡아당깁니다.

03

고리를 매듭지은 것처럼 수놓아졌습니다.

04

같은 방법으로 왼쪽에 고리를 하나 더 수놓습니다.

05

도안을 따라 반복하여 터키 스티치를 수놓습니다.

06

미리 그려 놓은 사각형 도안에는 3줄로 터키 스티치를 수놓았습니다.

07

고리의 끝을 가위로 잘라 정리합니다.

08

복슬복슬한 털의 질감이 표현되었습니다.

페더 스티치

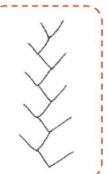

페더 스티치는 V 모양을 좌우에 번갈아 가며 수놓는 기법입니다. 깃털, 나뭇잎 등을 수놓을 때 자주 사용합니다.

01

❶오른쪽 상단 끝으로 바늘을 빼냅니다. ❷왼쪽 상단 끝에 바늘을 넣고 ❸V의 아랫부분으로 다시 빼냅니다. 바늘 밑으로 실을 걸은 후 화살표 방향으로 잡아당깁니다.

02

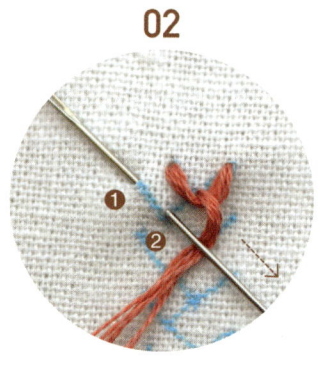

❶이번에는 왼쪽 두 번째 상단 끝에 바늘을 넣고 ❷아랫부분으로 빼냅니다. 바늘 밑으로 실을 걸은 후 화살표 방향으로 잡아당깁니다.

03

오른쪽도 같은 방법으로 수놓습니다.

04

왼쪽, 오른쪽을 번갈아 가며 차례대로 수놓습니다. 마무리는 맨 아래의 V 바깥쪽에 바늘을 넣어 잡아당기면 됩니다.

05

페더 스티치가 완성되었습니다.

더블 페더 스티치

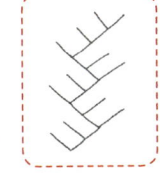

더블 페더 스티치는 페더 스티치에서 파생된 기법입니다. 페더 스티치를 수놓는 과정과 같지만 두 번씩 작업해야 하는 차이점이 있습니다.

01

상단에 있는 V를 페더 스티치로 수놓습니다.

02

두 번째 V를 페더 스티치로 수놓습니다.

03

세 번째 V를 수놓은 후 오른쪽으로 이동하여 네 번째 V를 수놓습니다.

04

다섯 번째 V를 수놓습니다.

05

같은 방법으로 수놓으면 더블 페더 스티치가 완성됩니다.

프렌치 노트 스티치

프렌치 노트 스티치는 열매, 사람 또는 동물의 눈 등을 표현할 때 사용하는 기법입니다. 언뜻 보면 작은 점 같지만 자세히 보면 바늘에 실을 두어 번 감아 만든 매듭 모양입니다.

01

원하는 지점을 정하여 그곳으로 바늘을 빼냅니다.

02

바늘에 실을 두어 번 감습니다.

03

실을 감은 채 바늘을 빼낸 지점 옆에 다시 넣습니다.

04

바늘에 감길 실을 잡아당겨 매듭이 원단 가까이에 만들어질 수 있도록 합니다.

05

매듭이 원단 가까이에 만들어진 상태로 바늘을 잡아당기면 프렌치 노트 스티치가 완성됩니다.

Embroidery

플라이 스티치

플라이 스티치는 Y 모양으로 수놓는 기법입니다. 특유의 모양 때문에 플라이 스티치라는 이름 대신 와이 스티치로 불리기도 합니다.

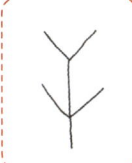

01

❶ 왼쪽 끝으로 바늘을 빼냅니다. ❷ 오른쪽 끝에 바늘을 넣은 후 ❸ 대각선 아래쪽으로 다시 빼냅니다. 바늘 밑으로 실을 걸어 줍니다. 화살표 방향으로 바늘을 잡아당깁니다.

02

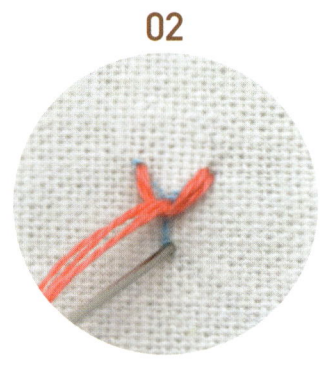

아랫부분에 바늘을 넣습니다.

03

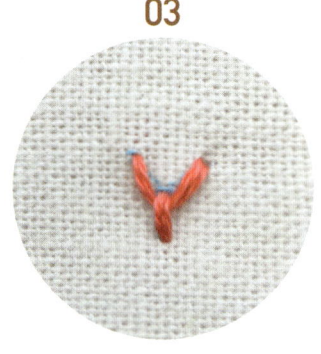

플라이 스티치가 완성되었습니다.

04

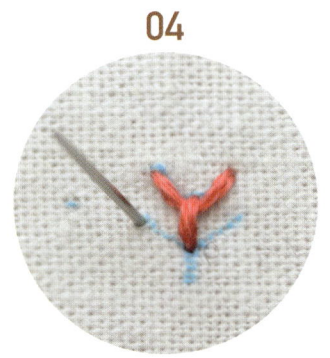

플라이 스티치를 연결하는 방법을 배워 보겠습니다. 첫 번째 플라이 스티치를 수놓은 후 두 번째 Y의 왼쪽 끝으로 바늘을 빼냅니다.

05

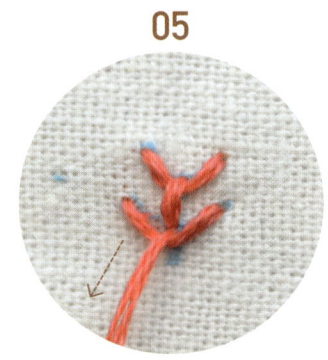

01번 과정을 반복하여 수놓습니다.

06

가장 아래쪽에 바늘을 넣어 마무리하면 플라이 스티치가 연결된 것을 볼 수 있습니다.

Embroidery

첫 번 째 시 간

심플한 주방 용품 자수

1

빨간 장미를 수놓아 만드는
주방 앞치마

주방에서 일할 때 두르기만 해도 기분이 좋아지는
화사한 앞치를 만들어 보세요.
물 묻은 손을 앞치마에 쓱쓱 닦아낼 때마다
수놓아진 작은 꽃을 보면 기분이 좋아질 겁니다.

![Preparation]

Preparation

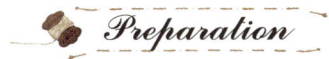

• · 사용한 스티치 · •

레이지 데이지 스티치
백 스티치
스파이더 웹 로즈 스티치
아우트 라인 스티치

• · 사용한 자수실 · •

DMC 25번사 3032, DMC 5번사 988, 909,
애플톤 울실 946

※ 애플톤 울실 946이 없을 경우
25번사 347(6가닥)로 교체 가능

• · 자수 사이즈 · •

15cm(가로)×10cm(세로)

• · 준비물 · •

수틀, 기성 앞치마 또는 앞치마를 만들 원단

• · 작업 예상 시간 · •

2시간 30분 정도

앞치마 자수·원단 도안

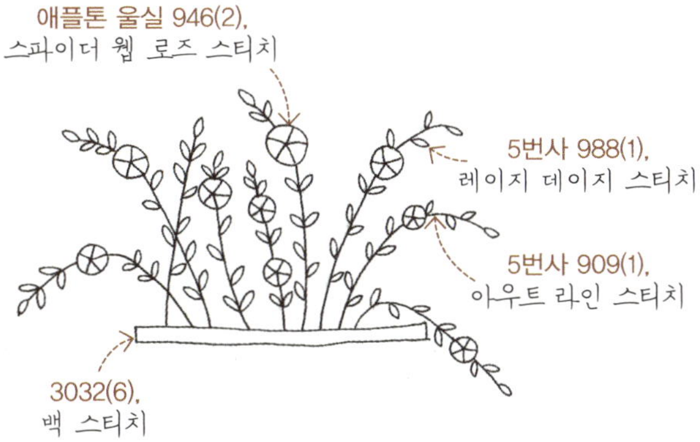

애플톤 울실 946(2),
스파이더 웹 로즈 스티치
5번사 988(1),
레이지 데이지 스티치
5번사 909(1),
아우트 라인 스티치
3032(6),
백 스티치

※앞치마 원단 치수는 신체 사이즈에
따라서 변경할 수 있습니다.

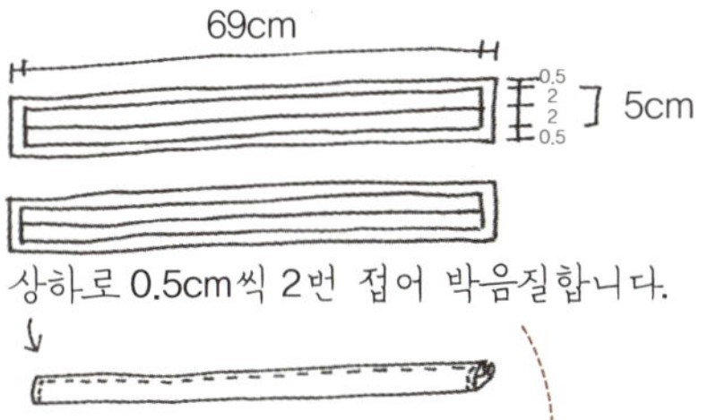

69cm
0.5
2
2
0.5
5cm
상하로 0.5cm씩 2번 접어 박음질합니다.

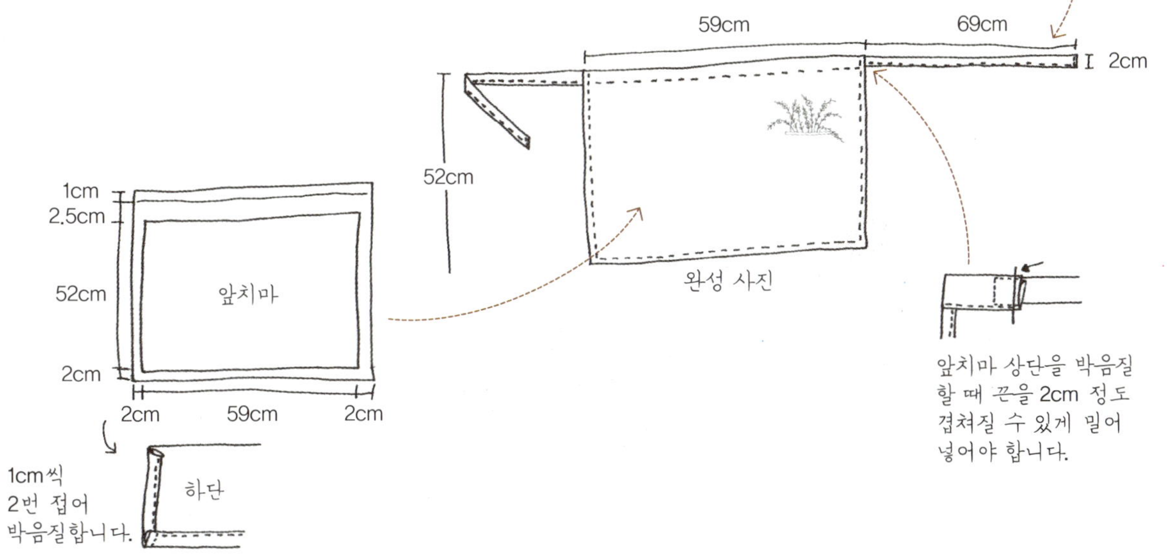

59cm
69cm
2cm
52cm
완성 사진
1cm
2.5cm
52cm
2cm
앞치마
2cm
59cm
2cm
1cm씩
2번 접어
박음질합니다.
하단
앞치마 상단을 박음질
할 때 끈을 2cm 정도
겹쳐질 수 있게 밀어
넣어야 합니다.

주방 앞치마 수놓기

01. 도안이 그려진 원단을 수틀에 걸어 줍니다.

02. 화단을 백 스티치로 모두 수놓습니다.

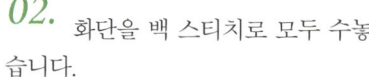

🔘 백 스티치 : 23쪽

03. 아웃 라인 스티치로 장미의 줄기를 수놓습니다.

🔘 아웃 라인 스티치 : 37쪽

04. 이번에는 레이지 데이지 스티치로 잎을 수놓습니다.

🔘 레이지 데이지 스티치 : 18쪽

05. 스파이더 웹 로즈 스티치로 장미를 수놓습니다.

🔘 스파이더 웹 로즈 스티치 : 34쪽

06. 장미 다발이 완성되었습니다.

•울실과 25번사의 차이점•

01. 울실과 25번사로 스파이더 웹 로즈 스티치를 수놓아 보겠습니다. 각각의 실을 원하는 색상으로 준비합니다.

02. 도안이 그려진 원단을 수틀에 걸어 줍니다.

03. 울실로 스파이더 웹 로즈 스티치를 수놓습니다.

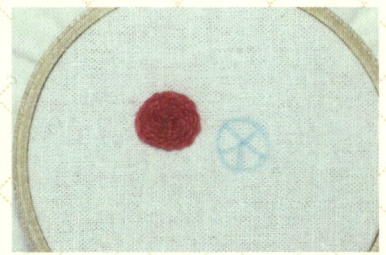

04. 25번사로 스파이더 웹 로즈 스티치를 수놓습니다. 실의 종류에 따라서 스티치의 느낌이 다양하게 표현됩니다.

05. 가지고 있는 다양한 실로 스파이더 웹 로즈 스티치를 수놓아 보세요.

06. 가지고 있는 다양한 실로 블리온 스티치로 장미를 수놓아 보세요.

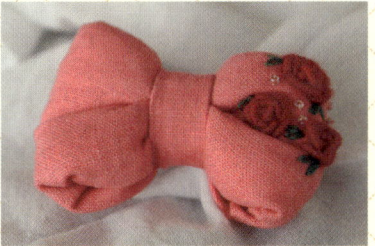

07. 가지고 있는 다양한 실로 프렌치 노트 스티치를 수놓아 보세요. 실의 종류와 감는 횟수에 따라서 굵기가 달라집니다.

2

라벤더 화병을 수놓아 만드는

키친 클로스

작은 라벤더 화병을 수놓은
키친 클로스를 만들어 보겠습니다.

Preparation

· · 사용한 **스티치** · ·

레이지 데이지 스티치
새틴 스티치
아웃 라인 스티치

· · 작업 **예상 시간** · ·

2시간 정도

· · **자수** 사이즈 · ·

4cm(가로)×9cm(세로)

· · 작품 **사이즈** · ·

30cm(가로)×58cm(세로)

· · **준비물** · ·

수틀, 키친 클로스 또는 마음에 드는 원단

· · 사용한 **자수실** · ·

DMC 25번사 820, 3364, 4245

🎀 키친 클로스 자수·원단 도안

① 준비된 원단이 한 장일 경우 가장자리를
1cm씩 2번 접은 후 박음질합니다.

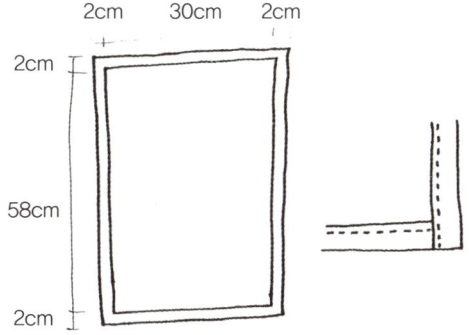

② 준비된 원단이 2장일 경우 원단을
한 장으로 이어 붙여야 합니다.

4245(2),
레이지 데이지 스티치

3364(2),
아웃 라인
스티치

3364(2),
새틴 스티치

820(2),
아웃 라인
스티치

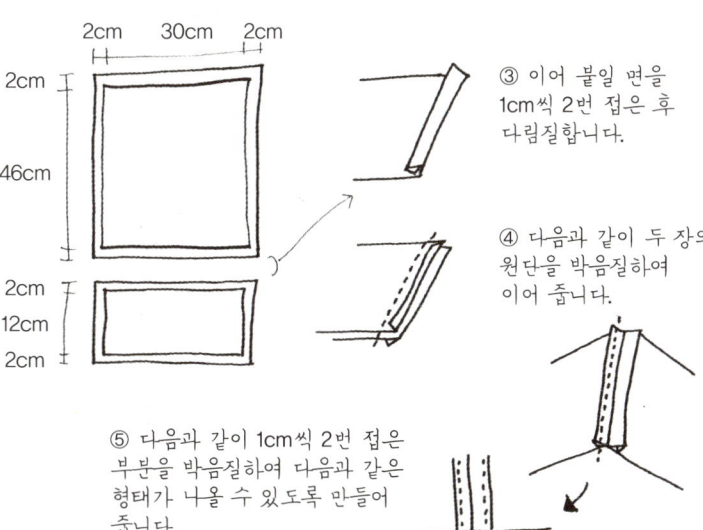

③ 이어 붙일 면을
1cm씩 2번 접은 후
다림질합니다.

④ 다음과 같이 두 장의
원단을 박음질하여
이어 줍니다.

⑤ 다음과 같이 1cm씩 2번 접은
부분을 박음질하여 다음과 같은
형태가 나올 수 있도록 만들어
줍니다.

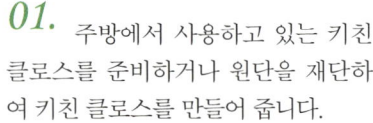

키친 클로스 수놓기

01. 주방에서 사용하고 있는 키친 클로스를 준비하거나 원단을 재단하여 키친 클로스를 만들어 줍니다.

02. 2장의 원단을 박음질하여 이어 붙인 앞면의 모습입니다.

03. 2장의 원단을 박음질하여 이어 붙인 뒷면의 모습입니다. 박음질은 재봉틀이나 손바느질로 하면 됩니다.

04. 키친 클로스 상단에 리본을 끼워 바느질합니다.

05. 리본을 잡아당겨 리본이 고정되었는지 확인합니다.

06. 2장의 원단과 리본을 매단 키친 클로스가 완성되었습니다.

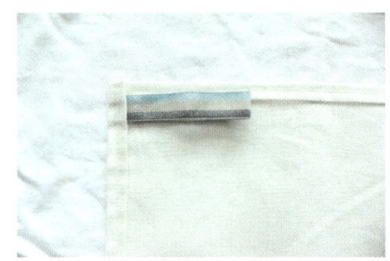

07. 키친 클로스에 도안을 옮겨 그립니다. 사진에서는 하단 가장자리에 그렸습니다.

08. 원단을 수틀에 걸고 아웃 라인 스티치로 유리병 테두리와 무늬를 수놓습니다.

09. 아웃 라인 스티치로 줄기도 수놓습니다.

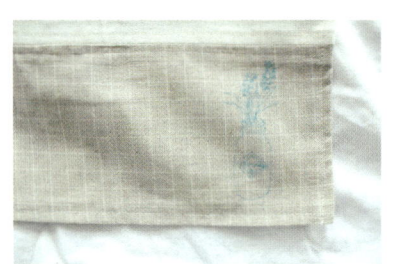

🔵 아웃 라인 스티치 : 37쪽

10. 잎사귀는 새틴 스티치로 수놓습니다. 한쪽 줄기와 잎이 완성되었습니다.

11. 나머지 줄기와 잎도 아웃 라인 스티치, 새틴 스티치로 수놓습니다. 두 줄기와 잎이 모두 완성되었습니다.

⚬ 새틴 스티치 : 31쪽

12. 이번 과정에서는 베리에이션 사를 사용해 보겠습니다. 6가닥 중 1가닥을 뽑아 반으로 접어 사용하면 자연스럽게 컬러가 섞여 예쁜 꽃을 수놓을 수 있습니다.

13. 레이지 데이지 스티치로 꽃잎을 수놓습니다. 이때 꽃잎의 개수는 미리 그려 놓은 도안보다 많아도 좋습니다. 원하는 만큼 수놓기 바랍니다.

14. 키친 클로스가 완성되었습니다.

⚬ 레이지 데이지 스티치 : 18쪽

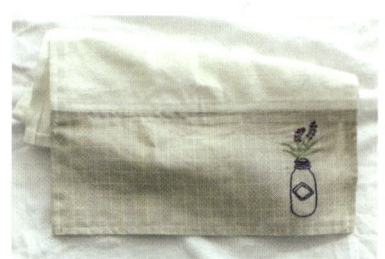

3

한 손에 한 짝씩

귀여운 미니 주방 장갑

귀여운 닭을 수놓은
미니 주방 장갑을 만들어 보겠습니다.
손으로 바로 집기엔 뜨거운 냄비나
접시를 들 때 사용해 보세요.

Preparation

· · 사용한 **스티치** · ·

레이지 데이지 스티치
백 스티치
새틴 스티치
스트레이트 스티치
아웃 라인 스티치
프렌치 노트 스티치
플라이 스티치

· · 사용한 **자수실** · ·

DMC 25번사 310, 347, 725, 910, 3765

· · **작업 예상 시간** · ·

3시간 정도

· · **작품 사이즈** · ·

12.5cm(가로)×16.5cm(세로)

· · **자수 사이즈** · ·

7cm(가로)×10cm(세로)

· · **준비물** · ·

수틀, 원단, 끈

주방 장갑 자수·원단 도안

※표기된 이외의 모든 선은 아웃 라인 스티치, 310(6)으로 수놓습니다.

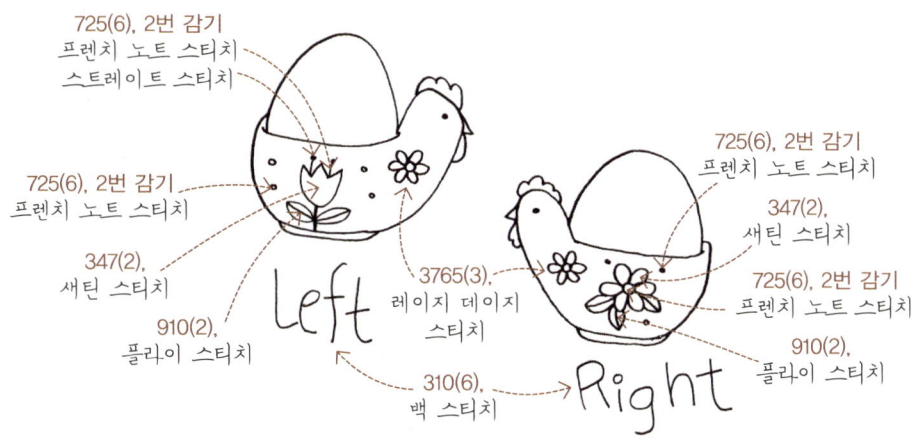

725(6), 2번 감기
프렌치 노트 스티치
스트레이트 스티치

725(6), 2번 감기
프렌치 노트 스티치

347(2),
새틴 스티치

910(2),
플라이 스티치

3765(3),
레이지 데이지
스티치

310(6),
백 스티치

725(6), 2번 감기
프렌치 노트 스티치

347(2),
새틴 스티치

725(6), 2번 감기
프렌치 노트 스티치

910(2),
플라이 스티치

주방 장갑 만드는 방법은 59쪽에 있습니다.

주방 장갑 수놓기

01. 꽃을 제외한 모든 선은 아웃 라인 스티치, 벼슬과 부리는 새틴 스티치, 눈은 프렌치 노트 스티치로 수놓습니다.

🔘 아웃 라인 스티치 : 37쪽
🔘 새틴 스티치 : 31쪽
🔘 프렌치 노트 스티치 : 44쪽

02. 닭 목에 있는 꽃은 레이지 데이지 스티치로 수놓습니다.

🔘 레이지 데이지 스티치 : 18쪽

03. 꽃 테두리는 백 스티치, 주변에 있는 작은 점은 프렌치 노트 스티치로 수놓습니다.

🔘 백 스티치 : 23쪽
🔘 프렌치 노트 스티치 : 44쪽

04. 꽃잎의 면적을 채우기 위해 백 스티치를 2줄로 길게 수놓습니다.

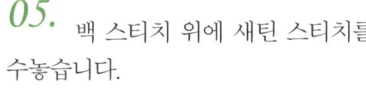

05. 백 스티치 위에 새틴 스티치를 수놓습니다.

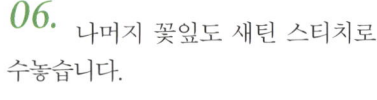

06. 나머지 꽃잎도 새틴 스티치로 수놓습니다.

07. 꽃 중앙에 프렌치 노트 스티치를 수놓아 수술을 만들어 줍니다.

08. 잎은 플라이 스티치로 수놓습니다.

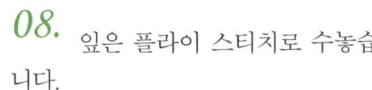

🔘 플라이 스티치 : 45쪽

09. 나머지 한 짝도 수를 놓으면 주방 장갑 한 쌍이 완성됩니다.

·주방 장갑 만들기·

01. 제공된 글러브 본을 두꺼운 종이에 붙여 오립니다. 이때 손바닥 원단에 사용할 부분과 손등 원단에 사용할 부분을 구분하기 위해서 가위로 비스듬히 잘라 표시를 남깁니다.

02. 글러브 본을 2장의 손바닥 원단 위에 올린 후 도안을 그려 줍니다. 손바닥 부분을 표시하고 가장자리에서 약 1cm 정도 간격을 두어 여유 시접 선을 그려 줍니다.

03. 시침핀으로 2장의 천을 고정한 후 여유 시접 선을 따라 원단을 재단합니다.

04. 1장의 원단을 반으로 접고 그 위에 다음과 같이 글러브 본을 올린 후 재단합니다.

05. 원단을 재단한 것과 같이 퀼팅 솜도 같은 방법으로 재단합니다. 이때 퀼팅 솜의 여유 시접 선은 약 0.5cm 정도이며 손등의 직선 부분은 여유 시접 선을 그리지 않습니다.

06. 손등 원단 사이로 솜을 넣은 후 시침질합니다.

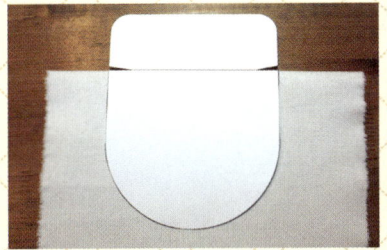
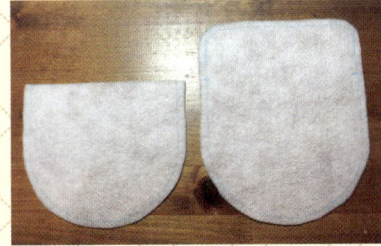
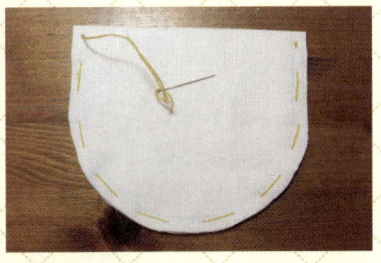

07. 손바닥 원단 한 장은 안쪽 면이 밑으로 갈 수 있도록 놓고 손등, 나머지 손바닥 원단, 솜 순서로 포개어 놓습니다.

08. 창구멍을 남긴 채 도안을 따라 박음질합니다. 원단을 뒤집을 때 곡선 모양이 잘 잡힐 수 있도록 가장자리에 가위질합니다.

09. 원단을 뒤집은 후 창구멍을 박음질합니다.

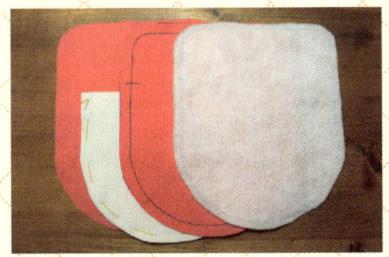

4

예쁜 라인이 들어간
컵 받침

간단한 스티치로 예쁜 라인이 들어간 컵 받침을 만들 수 있습니다.
손님과 간단한 티타임을 가질 때 사용해 보세요.
또는 작은 화분의 깔개로도 사용할 수 있어 매우 유용합니다.

Preparation

· · 사용한 **스티치** · ·

하프 블랭킷 링 스티치
체인 스티치
프렌치 노트 스티치
플라이 스티치

· · 사용한 **자수실** · ·

DMC 25번사 ECRU, 772, 842, 893, 959

· · **작업 예상 시간** · ·

1시간 정도

· · **작품 사이즈** · ·

11cm(가로)×11cm(세로)

· · **준비물** · ·

수틀, 원단, 바느질 실

🧵 **컵 받침 자수·원단 도안**

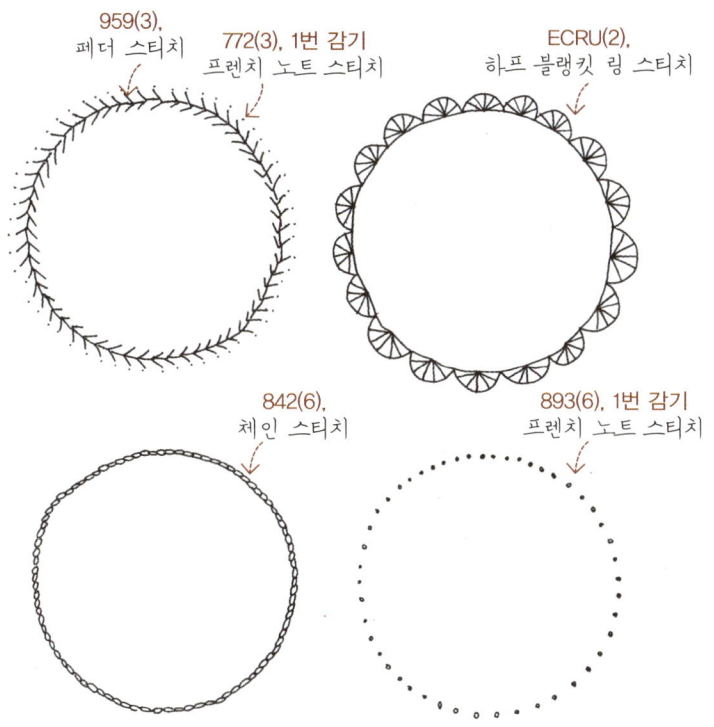

959(3),
페더 스티치

772(3), 1번 감기
프렌치 노트 스티치

ECRU(2),
하프 블랭킷 링 스티치

842(6),
체인 스티치

893(6), 1번 감기
프렌치 노트 스티치

① 수를 놓은 원단(앞면)과 뒷면 원단을
같은 사이즈로 재단합니다.

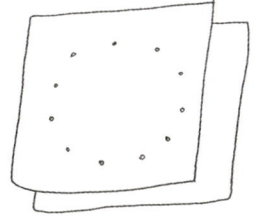

② 2장의 원단을 포개어 놓습니다.
이때 수가 놓인 원단은 뒤집어 놓아야
합니다. 가장자리를 약 1cm 정도 간격을
둔 채 박음질합니다.

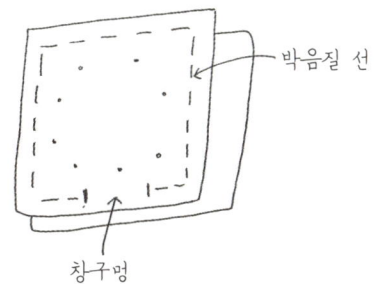

박음질 선

창구멍

④ 원단을 뒤집은 후 창구멍을 박음질 ←
합니다.

③ 각 모서리를 박음질 선에 닿지 않도
록 주의하며 다음과 같이 자릅니다.
각 모서리를 잘라야만 원단을 뒤집을 때
잘 뒤집힙니다.

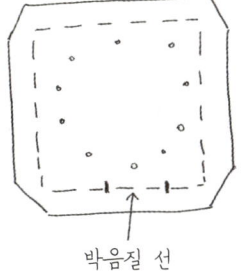

박음질 선

 컵 받침 수놓기

01. 작은 점들은 프렌치 노트 스티치를 1번 감아 수놓았습니다.

02. 둥근 라인을 따라 체인 스티치를 수놓습니다.

🔘 프렌치 노트 스티치 : 44쪽

🔘 체인 스티치 : 39쪽

03. 둥근 라인을 따라 하프 블랭킷 링 스티치를 수놓습니다.

04. 하프 블랭킷 링 스티치를 다시 한번 익혀보기 위해 작은 도안을 따로 그렸습니다. 컵받침을 만드는 분들은 본래의 도안으로 진행하시기 바랍니다.

05. 반원이 만나는 곳으로 바늘을 빼냅니다.

 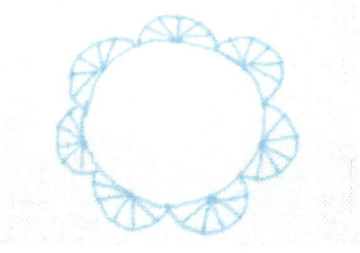 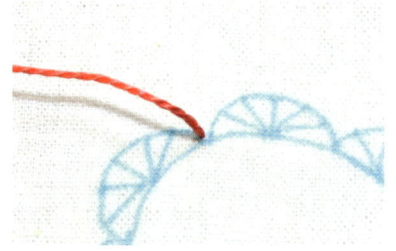

06. 첫 번째로 진행할 반원의 중심에 바늘을 넣습니다.

07. 고리가 남아있을 때까지 실을 잡아당깁니다.

08. 첫 번째 기둥과 반원이 만나는 곳으로 바늘을 빼냅니다.

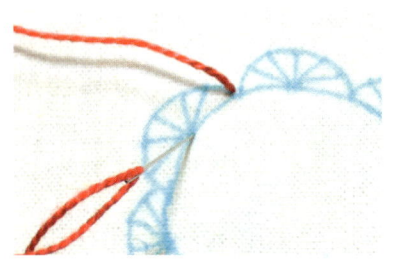  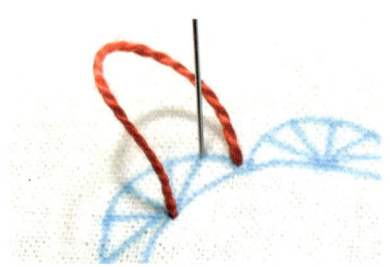

09. 실을 원의 바깥쪽 방향으로 잡아당깁니다. 실을 정면으로 잡아당길 경우 반원의 모양이 찌그러질 수 있으니 꼭 기둥이 뻗어 나가는 방향으로 당겨야 합니다.

10. 다시 반원 중앙으로 바늘을 넣습니다. 이 과정을 반복하여 반원을 수놓으면 됩니다.

11. 첫 번째 반원과 두 번째 반원을 연결해 주겠습니다. 두 번째 반원 중앙에 바늘을 넣은 후 끝까지 잡아당깁니다.

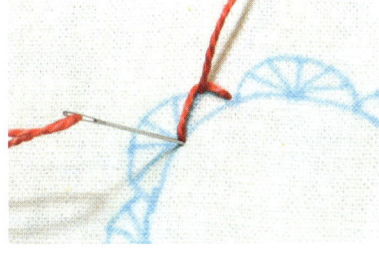

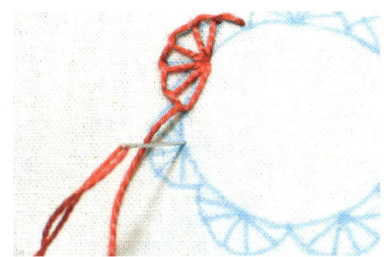

12. 두 번째 반원도 첫 번째 반원처럼 수놓기 위해서는 바늘을 바깥쪽 선으로 옮겨야 합니다. 첫 번째 반원의 마지막 기둥으로 바늘을 빼냅니다.

13. 두 번째 반원 중심에 바늘을 넣습니다.

14. 첫 번째 반원을 수놓은 것처럼 반복하여 진행합니다. 마무리는 27쪽을 참고합니다.

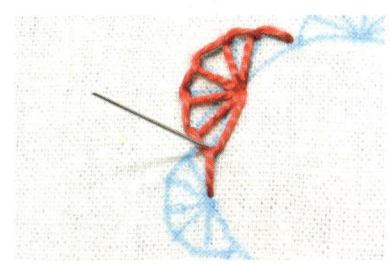

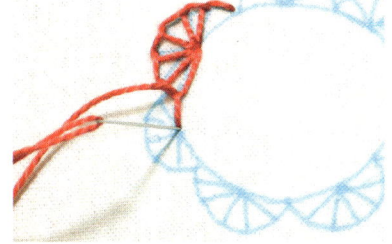

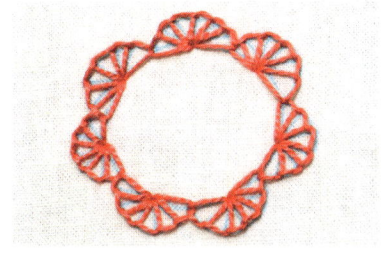

15. 둥근 라인을 따라 플라이 스티치를 수놓습니다. 바깥쪽 뻗친 끝 부분에는 프렌치 노트 스티치를 수놓습니다.

16. 컵 받침이 완성되었습니다.

● 플라이 스티치 : 45쪽

5

맛있게 드세요~
식사 매트

내 식탁이 조금 심심한 느낌이라면 식사 매트를 만들어 깔아 보세요.
고급 음식점이나 분위기 좋은 카페 못지않은 느낌을 연출할 수 있을 거예요.
또한 밥투정하는 아이도 귀여운 매트를 보면서
맛있게 밥을 먹을 수 있겠죠?

 *Preparation*

· · 사용한 **스티치** · ·

백 스티치
새틴 스티치
스트레이트 스티치
아우트 라인 스티치

· · 작업 예상 시간 · ·

2~3시간 정도

· · 작품 사이즈 · ·

35cm(가로)×25cm(세로)

· · 자수 사이즈 · ·

5.5cm(가로)×4.5cm(세로)

· · 준비물 · ·

수틀, 원단, 바느질 실

· · 사용한 **자수실** · ·

DMC 25번사 310, 349, 725, blanc

🧵 **식사 매트 자수·원단 도안**

① 다음은 식사 매트에 쓰인 원단 사이즈입니다.
원하는 만큼 원단의 크기를 정하여 재단하면 됩니다.

식사 매트 사이즈 — 35cm × 25cm

재단 사이즈 — 2cm / 35cm / 2cm = 39cm (가로), 2cm / 25cm / 2cm = 29cm (세로)

② 각각의 원단 가장자리를 1cm씩 2번 접은 후
러닝 스티치를 수놓습니다. 재봉틀로 작업해도 좋습니다.

tip 각각의 가장자리를 접은 후 다림질하면 원단이 뜨지 않아 수월하게 바느질할 수 있습니다.

뒷모습 — 러닝스티치

③ 원하는 지점에 수를 놓습니다.

앞모습

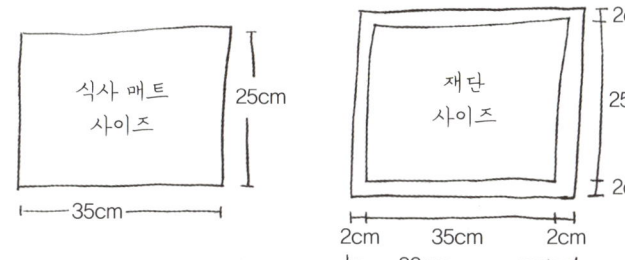

725(2),
새틴 스티치

blanc(2),
새틴 스티치

310(2),
스트레이트
스티치

310(2),
백 스티치

blanc(2),
스트레이트 스티치

349(2),
백 스티치 후
새틴 스티치

310(2),
백 스티치

349(2),
아우트 라인
스티치

310(2),
아우트 라인
스티치

310(2),
백 스티치

349(2),
백 스티치 후
새틴 스티치

blanc(2),
스트레이트
스티치

310(2),
백 스티치

맛있게 드세요

식사 매트 수놓기

01. 도안이 그려진 원단을 수틀에 걸어 줍니다.

02. 접시의 바깥쪽 2개의 선을 아우트 라인 스티치로 수놓습니다.

03. 같은 색상의 실을 사용하여 달걀을 백 스티치로 수놓습니다.

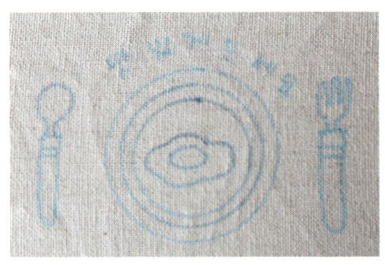

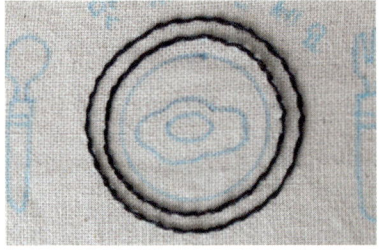

⬤ 아우트 라인 스티치 : 37쪽

⬤ 백 스티치 : 23쪽

04. 스푼과 포크도(손잡이 제외) 백 스티치로 수놓습니다.

05. 이번에는 다른 색상의 실을 사용해 보겠습니다. 그릇 내부에 있는 선을 아우트 라인 스티치로 수놓습니다.

06. 스푼과 포크 내부에 스트레이트 스티치를 수놓습니다. 이것은 스푼과 포크의 손잡이 부분을 입체적으로 표현할 수 있도록 도와줍니다.

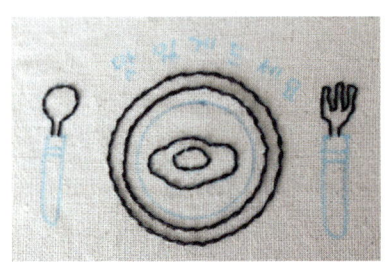

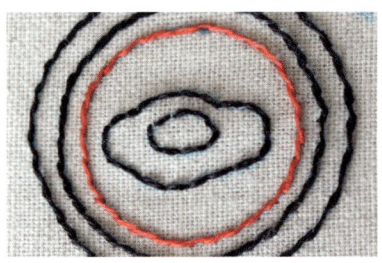

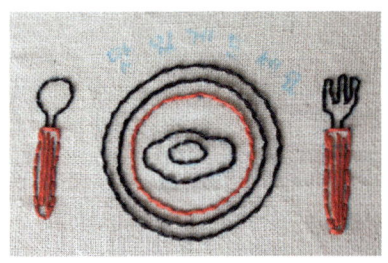

07. 스푼의 왼쪽 테두리 라인으로 바늘을 빼냅니다.

08. 스푼의 오른쪽 테두리 라인에 바늘을 넣습니다.

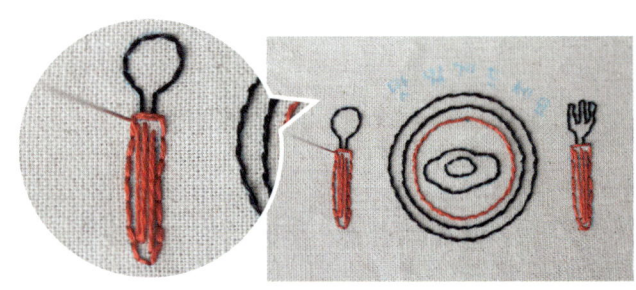

09. 07~08번 과정을 반복하여 새틴 스티치를 수놓습니다. 새틴 스티치를 수놓은 스푼의 손잡이가 완성되었습니다.

10. 스푼에 스트레이트 스티치를 2줄 수놓습니다.

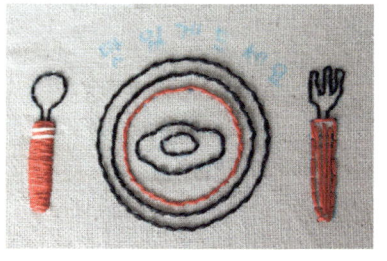

11. 반대편 포크의 손잡이도 같은 방법으로 수놓습니다.

12. 달걀의 흰자를 새틴 스티치로 수놓습니다.

13. 달걀의 노른자를 새틴 스티치로 수놓습니다.

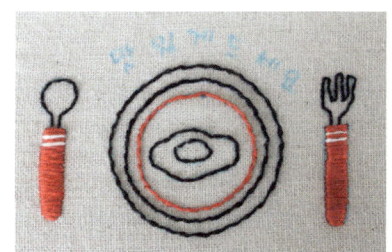

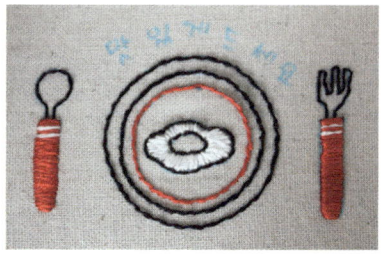

⊚ 새틴 스티치 : 31쪽

14. 글씨를 스트레이트 스티치로 수놓습니다. 한 획당 한 땀씩 수놓아야 깔끔하게 만들 수 있습니다.

⊚ 스트레이트 스티치 : 33쪽

6

냉장고만 봐도 웃음이 활짝!

우리 가족 냉장고 자석

매일매일 보는 우리 가족의 얼굴이 냉장고에
옹기종기 모여 있다면 얼마나 재미있을까요.
한 땀 한 땀 수를 놓아 냉장고 자석을 만들어 보세요.
사랑한다는 메시지도 함께 넣으면 더욱 좋겠죠?

· · 사용한 **스티치** · ·

롱 앤드 쇼트 스티치
백 스티치
새틴 스티치
스트레이트 스티치
아우트 라인 스티치
오픈 레이지 데이지 스티치
프렌치 노트 스티치

· · 사용한 **자수실** · ·

DMC 25번사 310, 349,
애플톤 울실 843, 864

· · **작업 예상 시간** · ·

1시간 정도

· · **작품 사이즈** · ·

5cm(가로)×4cm(세로)

· · **준비물** · ·

수틀, 조각 원단, 자석,
방울솜, 재봉실

 냉장고 자석 자수 도안

※ 눈은 310(2), 프렌치 노트 스티치로 수놓습니다.
※ 얼굴 선, 입술 선, 눈썹, 속눈썹, 코는 310(2), 백 스티치로 수놓습니다.
※ 입 안 쪽은 349(2), 새틴 스티치로 수놓습니다.

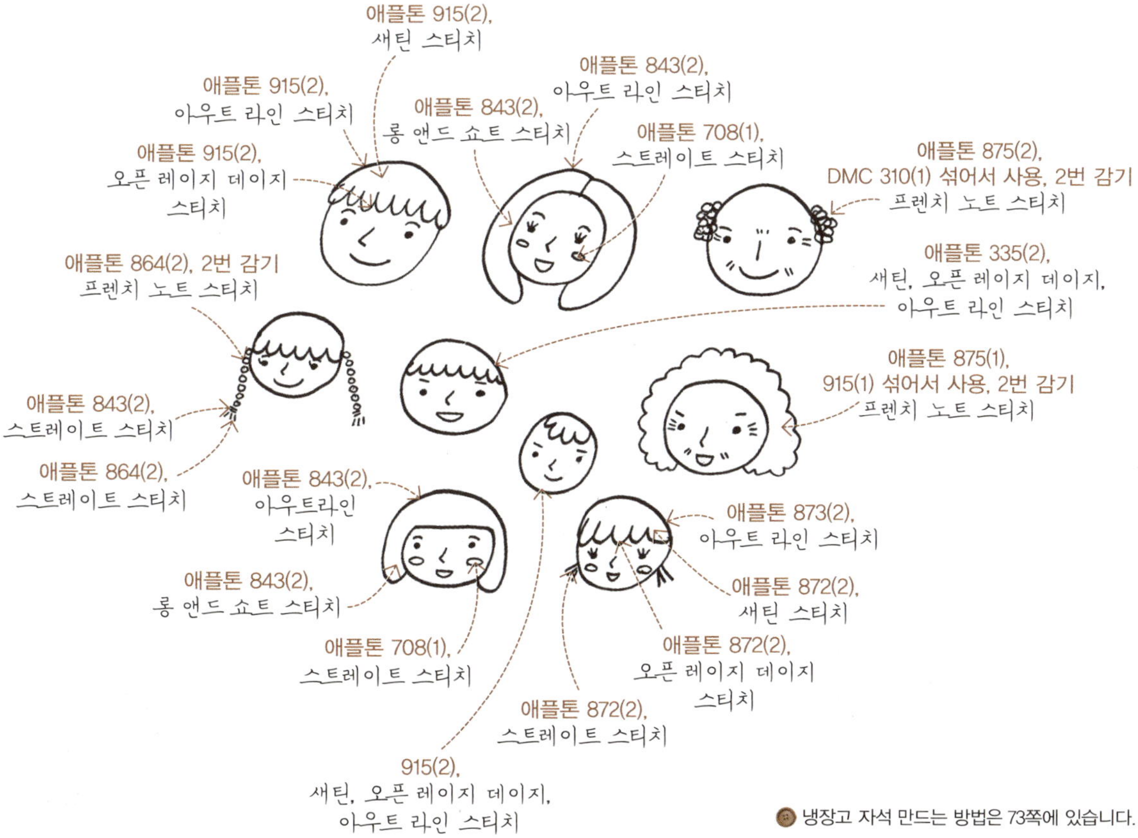

애플톤 915(2),
새틴 스티치

애플톤 915(2),
아우트 라인 스티치

애플톤 915(2),
오픈 레이지 데이지
스티치

애플톤 843(2),
롱 앤드 쇼트 스티치

애플톤 843(2),
아우트 라인 스티치

애플톤 708(1),
스트레이트 스티치

애플톤 875(2),
DMC 310(1) 섞어서 사용, 2번 감기
프렌치 노트 스티치

애플톤 864(2), 2번 감기
프렌치 노트 스티치

애플톤 335(2),
새틴, 오픈 레이지 데이지,
아우트 라인 스티치

애플톤 843(2),
스트레이트 스티치

애플톤 875(1),
915(1) 섞어서 사용, 2번 감기
프렌치 노트 스티치

애플톤 864(2),
스트레이트 스티치

애플톤 843(2),
아우트라인
스티치

애플톤 843(2),
롱 앤드 쇼트 스티치

애플톤 873(2),
아우트 라인 스티치

애플톤 872(2),
새틴 스티치

애플톤 708(1),
스트레이트 스티치

애플톤 872(2),
오픈 레이지 데이지
스티치

애플톤 872(2),
스트레이트 스티치

915(2),
새틴, 오픈 레이지 데이지,
아우트 라인 스티치

● 냉장고 자석 만드는 방법은 73쪽에 있습니다.

냉장고 자석 수놓기

01. 마음에 드는 도안을 원단에 옮겨 그린 후 수틀에 걸어 줍니다.

02. 얼굴선을 백 스티치로 수놓습니다.

03. 마찬가지로 눈썹과 코, 입을 백 스티치로 수놓습니다. 눈동자는 프렌치 노트 스티치를 2번 감아 수놓습니다.

ⓑ 백 스티치 : 23쪽

ⓑ 프렌치 노트 스티치 : 44쪽

04. 새틴 스티치로 입을 수놓습니다.

05. 앞머리에 오픈 레이지 데이지 스티치를 수놓을 예정입니다. 원단 뒤쪽에서 바늘을 넣어 앞으로 쭉 당깁니다.

06. 다음과 같은 위치에 바늘을 넣어 잡아당기되 끝까지 당기지는 말아 주세요.

ⓑ 새틴 스티치 : 31쪽

07. 다음과 같이 고리를 만들 정도로 실을 당깁니다.

08. 앞머리의 중간 지점으로 바늘을 다시 빼냅니다.

09. 고리 바깥쪽에 바늘을 넣고 끝까지 잡아당깁니다.

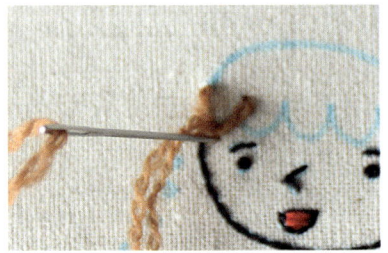

10. 앞머리의 첫 부분이 완성되었습니다.

11. 앞 과정을 반복하여 앞머리를 모두 수놓습니다.

12. 머리의 상단은 아우트 라인 스티치로 수놓습니다.

● 아우트 라인 스티치 : 37쪽

13. 머리카락 내부는 새틴 스티치로 수놓습니다.

14. 땋은 머리카락은 프렌치 노트 스티치를 2번 감기하여 수놓습니다.

15. 땋은 머리카락의 끝 부분은 스트레이트 스티치로 두 땀 수놓습니다.

● 스트레이트 스티치 : 33쪽

16. 반대쪽 땋은 머리카락도 같은 방법으로 수놓습니다.

17. 스트레이트 스티치로 머리끈을 수놓습니다.

18. 귀여운 여자 어린이가 완성되었습니다.

● 스트레이트 스티치 : 33쪽

19. 완성 사진을 보며 다른 도안도 함께 수놓아 보세요.

· 냉장고 자석 만들기 ·

01. 완성된 자수 주변에 바느질 선을 그려 줍니다.

02. 바느질하기 편하게 원단을 잘라 냅니다.

03. 뒷판으로 사용할 원단도 같은 크기로 준비합니다.

04. 솜이 들어갈 창구멍을 남기고 박음질로 꿰맵니다.

05. 창구멍으로 솜을 원하는 만큼 넣습니다.

06. 작은 자석을 창구멍 안으로 넣습니다.

07. 창구멍을 꿰맵니다.

08. 둘레를 적당히 잘라 냅니다.

09. 자석이 냉장고에 잘 붙는지 확인합니다.

Embroidery

두 번 째 시 간

2

아기자기한 생필품 자수

1

커여운 우리 아이 얼굴을 그린
턱받이

엄마와 아이에게 모두 좋은 태교 바느질을 해 볼까요?
곧 만나게 될 아이를 생각하며 한 땀 한 땀 정성스레 수놓아 보세요.
완성품은 직접 사용해도 좋고 선물용으로도 만점입니다.

Preparation

· · 사용한 스티치 · ·

러닝 스티치
백 스티치
블랭킷 스티치
새틴 스티치
스트레이트 스티치
실론 스티치
플라이 스티치

· · 사용한 자수실 · ·

DMC 25번사 347, 3031, ECRU,
애플톤 울실 708

· · 작업 예상 시간 · ·

2시간 정도

· · 자수 사이즈 · ·

4cm(가로)×6cm(세로)

· · 준비물 · ·

수틀, 턱받이 또는 턱받이를 만들 원단

🧵 **턱받이 자수·원단 도안**

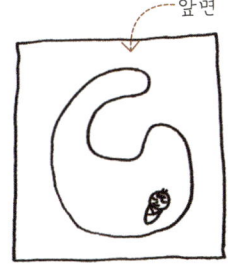
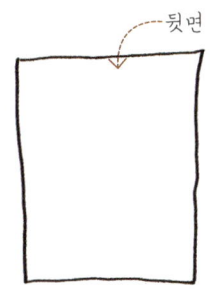

앞면   뒷면

① 턱받이를 만드는 데 쓰일 앞면, 뒷면 원단을 준비합니다. 앞면 원단에 실물 크기 턱받이 도안을 대고 따라 그려 줍니다.

※모든 얼굴, 귀, 머리카락, 코, 입, 리본 선은 3031(2), 백 스티치로 수놓았습니다.

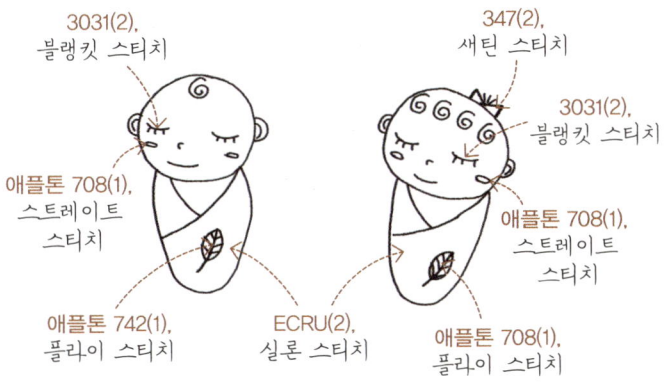

3031(2),
블랭킷 스티치

347(2),
새틴 스티치

3031(2),
블랭킷 스티치

애플톤 708(1),
스트레이트
스티치

애플톤 708(1),
스트레이트
스티치

애플톤 742(1),
플라이 스티치

ECRU(2),
실론 스티치

애플톤 708(1),
플라이 스티치

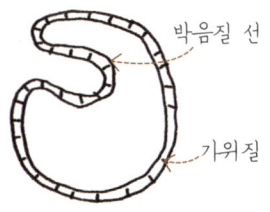

박음질 선

가위질

② 앞면과 뒷면 원단을 포갠 후 창구멍을 남긴 채 박음질합니다.

③ 박음질한 곳에서 1cm 정도 간격을 두고 원단을 잘라낸 후 가위질합니다.

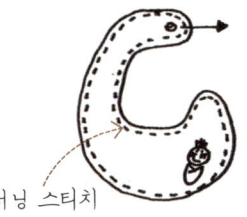

러닝 스티치

④ 원단을 뒤집은 후 다림질합니다. 가장자리에서 0.5cm 정도 안쪽에 러닝 스티치를 수놓아 마무리합니다.

🔘 턱받이 만드는 방법은 83쪽에서 다시 한 번 설명합니다.

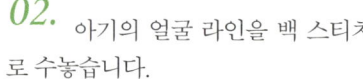

턱받이 수놓기

01. 도안이 그려진 원단을 수틀에 걸어 줍니다.

02. 아기의 얼굴 라인을 백 스티치로 수놓습니다.

03. 코와 입과 리본을 백 스티치로 수놓습니다. 눈은 블랭킷 스티치로 수놓습니다.

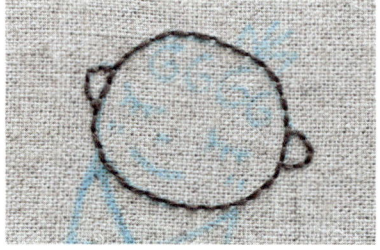

● 백 스티치 : 23쪽

● 블랭킷 스티치 : 24쪽

04. 새틴 스티치로 리본의 면적을 채우겠습니다. 다음과 같이 오른쪽 리본 끝으로 바늘을 빼냅니다.

05. 일직선으로 내려와 바늘을 넣습니다.

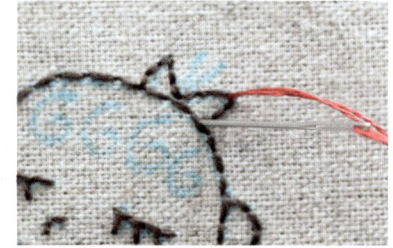

● 새틴 스티치 : 31쪽

06. 바늘을 잡아당기면 다음과 같은 모양으로 수놓아집니다.

07. 같은 방법으로 차근차근 리본의 면적을 채웁니다.

08. 오른쪽 리본이 채워졌습니다.

09. 왼쪽 리본도 새틴 스티치로 수 놓습니다.

10. 꼬불꼬불한 머리카락은 백 스티치로 수놓습니다.

11. 포대기 선을 백 스티치로 수놓은 후 땀과 땀 사이로 바늘을 빼냅니다.

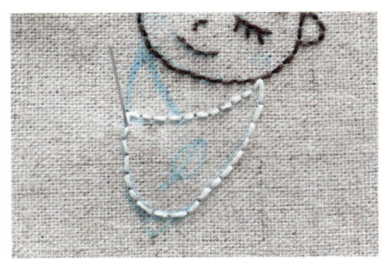

12. 상단 첫 번째 땀에 바늘을 통과시킨 후 바늘 밑으로 실을 걸어 줍니다.

13. 고리 형태가 남아 있을 때까지만 바늘을 살살 잡아당깁니다. 이 기법은 실론 스티치입니다.

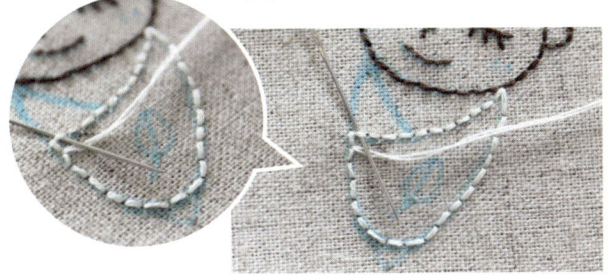

14. 같은 방법으로 상단 두 번째 땀에 바늘을 통과시킨 후 바늘 밑으로 실을 걸어 줍니다.

15. 반복하여 수놓습니다.

16. 한 줄이 완성되었다면 다음과 같이 오른쪽 첫 번째 땀의 바깥쪽으로 바늘을 통과시킵니다.

17. 이번에는 오른쪽 두 번째 땀의 바깥쪽에서 안쪽으로 바늘을 통과시킵니다.

18. 수틀을 거꾸로 돌립니다. 실론 스티치 첫 번째 땀에 바늘을 통과시킨 후 실을 바늘 밑으로 걸어 줍니다.

19. 12~15번 과정과 같은 방법으로 선을 따라 각각의 땀에 바늘을 통과시킵니다.

20. 두 번째 줄도 완성했다면 16~17번 과정과 같은 방법으로 바늘을 옆 땀으로 통과시킵니다. 바늘을 아래 땀 바깥쪽에서 안쪽으로 다시 통과시킵니다.

21. 수틀을 원래대로 돌린 후 같은 방법으로 수를 놓습니다.

22. 포대기 끝까지 반복하여 실론 스티치를 수놓습니다. 포대기의 끝 부분을 꼼꼼하게 채워 보겠습니다. 실론 스티치의 마지막 땀과 맞은편 백 스티치의 땀 사이로 바늘을 통과시킵니다.

23. 옆 땀도 같은 방법으로 수놓아 줍니다.

24. 모두 수놓았다면 백 스티치 바깥쪽으로 바늘을 넣어 마무리합니다.

25. 포대기 하단이 완성되었습니다.

26. 포대기 상단의 선을 백 스티치로 수놓습니다.

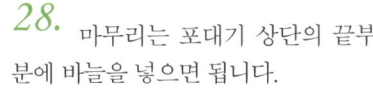

27. 안쪽부터 바깥쪽으로 바늘을 이동하며 실론 스티치를 수놓습니다.

28. 마무리는 포대기 상단의 끝부분에 바늘을 넣으면 됩니다.

29. 포대기 상단이 완성되었습니다.

30. 울실을 바늘에 걸고 아기의 볼을 스트레이트 스티치로 수놓습니다. 포대기 중간에는 플라이 스티치를 수놓아 핑크색 나뭇잎을 만들어 줍니다.

◉ 스트레이트 스티치 : 33쪽
◉ 플라이 스티치 : 45쪽

31. 귀여운 여자 아기가 수놓아진 턱받이가 완성되었습니다.

• 턱받이 만들기 •

01. 원단의 겉면을 맞닿게 놓고 창 구멍을 남긴 채 손바늘이나 재봉틀로 박음질해 줍니다.

02. 턱받이 가장자리를 가위질합 니다. 그래야 원단을 뒤집었을 때 고 운 곡선이 만들어질 수 있습니다.

03. 턱받이를 뒤집습니다. 가장자 리에서 0.5cm 정도 안쪽으로 러닝 스 티치를 수놓습니다.

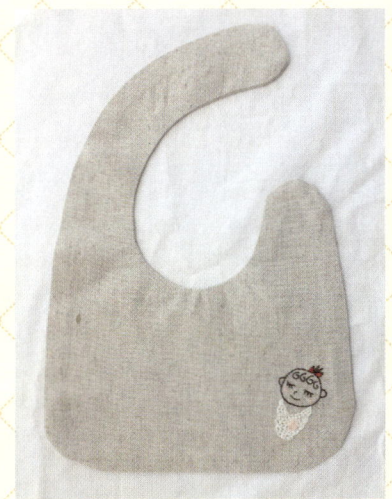

🔵 러닝 스티치 : 20쪽

2

미니 꽃다발이 수놓아진

러블리 핀 쿠션

보기만 해도 기분이 좋아지는 작은 꽃들을 모아
핀 쿠션에 수놓아 보세요.
바느질할 때 손 닿는 곳에 두면 유용하게 사용할 수 있습니다.

Preparation

· · 사용한 스티치 · ·

레이지 데이지 스티치
백 스티치
블랭킷 링 스티치
스트레이트 스티치
스파이더 웹 로즈 스티치
아웃 라인 스티치
프렌치 노트 스티치

· · 사용한 자수실 · ·

DMC 25번사 208, 519, 581, 725, 951, 988,
3013, 3045, 3716, 3831, 3833, 3845, ECRU

· · 작업 예상 시간 · ·

2시간 정도

· · 자수 사이즈 · ·

5cm(가로)×5cm(세로)

· · 준비물 · ·

수틀, 턱받이 또는 턱받이 원단

핀 쿠션 자수·원단 도안

※장미꽃의 줄기는 988(2), 아웃 라인 스티치로 수놓습니다.
　보라색, 하늘색, 흰색, 분홍색 꽃의 줄기는 581(2), 아웃 라인 스티치로 수놓습니다.
　아이보리색 꽃, 꽃이 없는 줄기는 3013(2), 아웃 라인 스티치로 수놓습니다.

※장미꽃의 잎사귀는 988(2), 레이지 데이지 스티치로 수놓습니다.
　보라색, 하늘색, 흰색, 분홍색 꽃의 잎사귀는 581(2), 아웃 라인 스티치로 수놓습니다.
　꽃이 없는 줄기는 3013(2), 레이지 데이지 스티치로 수놓습니다.

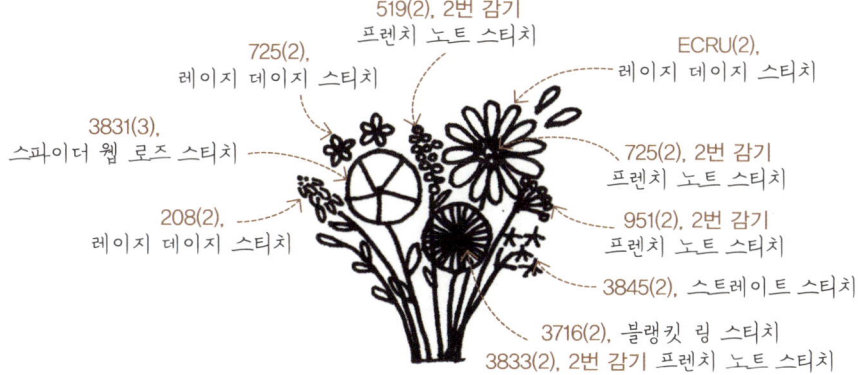

519(2), 2번 감기
프렌치 노트 스티치

725(2),
레이지 데이지 스티치

ECRU(2),
레이지 데이지 스티치

3831(3),
스파이더 웹 로즈 스티치

725(2), 2번 감기
프렌치 노트 스티치

208(2),
레이지 데이지 스티치

951(2), 2번 감기
프렌치 노트 스티치

3845(2), 스트레이트 스티치

3716(2), 블랭킷 링 스티치

3833(2), 2번 감기 프렌치 노트 스티치

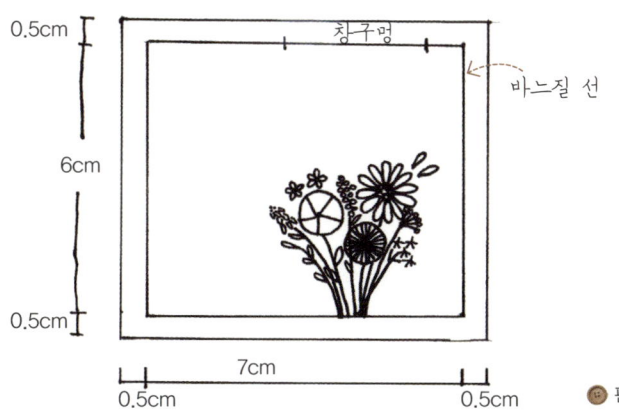

0.5cm

창구멍

바느질 선

6cm

0.5cm

7cm

0.5cm

0.5cm

⑮ 핀 쿠션 만드는 방법은 89쪽에서 다시 한 번 설명합니다.

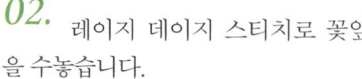

핀 쿠션 수놓기

01. 도안이 그려진 원단을 수틀에 걸어 줍니다.

02. 레이지 데이지 스티치로 꽃잎을 수놓습니다.

🔘 레이지 데이지 스티치 : 18쪽

03. 프렌치 노트 스티치를 2번 감기하여 데이지 꽃 안에 노트를 5~6개 정도 수놓습니다.

04. 레이지 데이지 스티치로 작은 노란꽃을 수놓습니다.

🔘 프렌치 노트 스티치 : 44쪽

05. 블랭킷 링 스티치로 분홍색 꽃을 수놓습니다.

06. 분홍색 꽃 중앙에 프렌치 노트 스티치를 2번 감기하여 4~5개 정도의 노트를 수놓습니다.

🔘 블랭킷 링 스티치 : 26쪽

07. 파란색 꽃을 수놓을 차례입니다. 프렌치 노트 스티치를 이용하여 도안을 따라 수놓습니다.

08. 스파이더 웹 로즈 스티치로 빨간색 꽃을 수놓습니다.

ⓟ 스파이더 웹 로즈 스티치 : 34쪽

09. 레이지 데이지 스티치로 보라색 꽃을 수놓습니다.

10. 아우트 라인 스티치로 장미의 줄기를 수놓습니다. 잎사귀는 레이지 데이지 스티치로 수놓습니다.

ⓟ 아우트 라인 스티치 : 37쪽

11. 나머지 줄기와 잎을 아우트 라인 스티치와 레이지 데이지 스티치로 수놓습니다.

12. 데이지 아래에 프렌치 노트 스티치로 꽃들을 수놓습니다. 오른쪽 하단에는 스트레이트 스티치로 파란색 작은 꽃을 수놓습니다.

ⓟ 스트레이트 스티치 : 33쪽

13. 꽃다발을 묶은 끈을 표현해 보
겠습니다. 꽃다발 하단의 줄기를 두어
번 감듯이 수놓습니다.

14. 꽃다발을 묶은 끈 오른쪽에
스트레이트 스티치로 리본을 수놓습
니다.

15. 꽃다발을 수놓은 핀 쿠션이 완성되었습니다.

·핀 쿠션 만들기·

01. 자수를 수틀에서 분리하여 6cm ×7cm에서 0.5cm씩 여유 시접선을 더하여 재단해 주세요.

02. 뒷면으로 사용할 원단도 준비해 주세요. 집에 있는 어떤 원단이든 좋습니다.

03. 뒷면이 준비되었으면 자수가 놓인 원단을 뒤집어 놓습니다.

04. 시침핀을 이용하여 2장의 원단을 고정합니다. 펜이나 초크 등을 이용해서 창구멍을 표시해 줍니다.

05. 바느질용 실을 이용하여 창구멍을 제외한 나머지 부분들을 박음질합니다. 재봉실이 없다면 퀼트실, 십자수실 등 어떤 것이든 사용해도 좋습니다.

06. 앞의 원단 크기에 맞춰 뒷면을 자릅니다. 귀퉁이는 다음과 같이 박음질한 곳이 잘리지 않도록 조심해서 자릅니다. 이 과정은 뒤집었을 때 예쁜 사각형이 나올 수 있도록 잡아 주는 과정입니다.

07. 창구멍으로 원단을 뒤집어 줍니다.

08. 뚫린 구멍으로 남은 원단과 방울솜을 모두 집어넣습니다. 공그리기로 마무리합니다.

09. 예쁜 핀 쿠션이 완성되었습니다.

3

다람쥐 자수가 올라간

다이어리 커버

다이어리나 수첩 크기에 맞게 자수가 놓여진 커버를 만들어 보세요.
목도리까지 두른 고독한 다람쥐가
내 수첩을 돋보이게 만들어 줄 거예요.

Preparation

· · 사용한 스티치 · ·

새틴 스티치
스트레이트 스티치
아우트 라인 스티치
헤비 체인 스티치
플라이 스티치

· · 사용한 자수실 · ·

DMC 4번사 2153, 2424
DMC 25번사 783, 3031
Coats Reflecta 314

· · 작업 예상 시간 · ·

1시간 정도

· · 작품 사이즈 · ·

10cm(가로)×15cm(세로) 정도

· · 자수 사이즈 · ·

5cm(가로)×9.5cm(세로) 정도

· · 준비물 · ·

수틀, 원단

◎ 다이어리 커버 자수·원단 도안

2153(1),
아우트 라인 스티치

2153(1),
새틴 스티치

2153(1),
플라이 스티치

2424(1),
백 스티치

2424(1),
새틴 스티치

눈, 코, 입 3031(2),
스트레이트 스티치

2424(1),
헤비 체인 스티치

도토리 뚜껑 3031(2),
플라이 스티치 후 새틴 스티치

도토리 아래 783(2),
백 스티치 후 새틴 스티치

Coats Reflecta 314(2)
아우트 라인 스티치

① 가지고 있는 수첩이나 다이어리의 앞면,
모서리, 뒷면의 길이를 모두 더한 치수보다
약 20cm 더 크게 원단을 재단합니다.
아래는 앞면, 모서리, 뒷면의 길이가 20cm인
수첩을 예로 들었습니다.

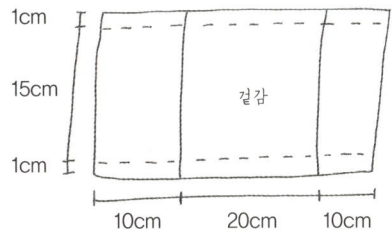

② 양 옆을 10cm씩 안쪽으로 접어 줍니다.

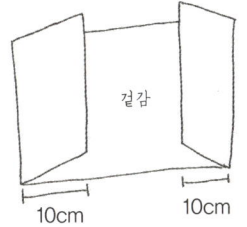

③ 이번에는 양 옆을 약 3~5cm 정도 바깥
쪽으로 접어 줍니다.

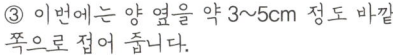

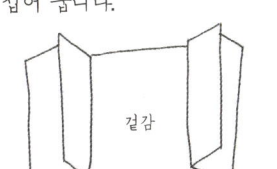

④ 안감을 겉감 위에 포개어 놓습니다.

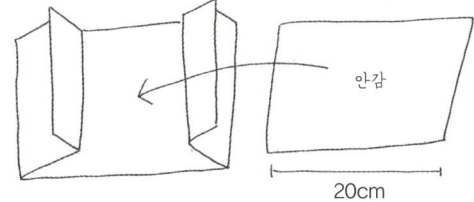

⑤ 상, 하로 박음질한 후
뒤집으면 완성됩니다.

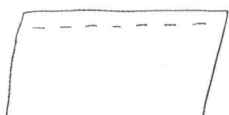

다이어리 커버 수놓기

01. 다람쥐 윤곽선을 아웃 라인 스티치로 수놓습니다. 눈, 코, 입은 스트레이트 스티치로 수놓습니다. 목도리는 헤비 체인 스티치로 수놓습니다.

- ⓐ 아웃 라인 스티치 : 37쪽
- ⓑ 스트레이트 스티치 : 33쪽
- ⓗ 헤비 체인 스티치 : 40쪽

02. 도토리를 수놓을 차례입니다. 도토리가 그려진 원단을 수틀에 걸어 줍니다.

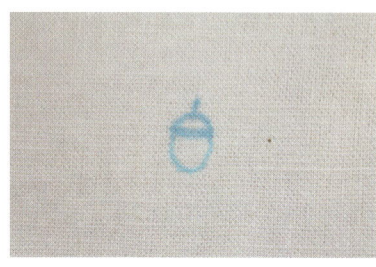

03. 도토리 뚜껑 왼쪽으로 바늘을 빼내고 바로 오른쪽으로 넣어 줍니다.

04. 실을 모두 잡아당기지 않고 고리 형태가 남아 있을 때 도토리 뚜껑 상단으로 바늘을 빼냅니다.

05. 도토리 꼭지 부분에 바늘을 넣습니다. 이 기법은 플라이 스티치입니다.

- ⓕ 플라이 스티치 : 45쪽

06. 도토리의 뚜껑 속은 새틴 스티치로 채웁니다. 아래쪽부터 한 줄씩 수놓습니다.

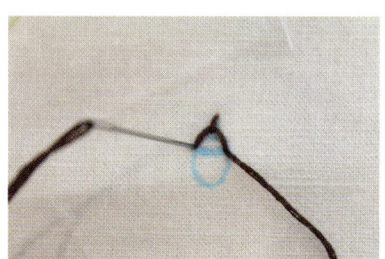

- ⓢ 새틴 스티치 : 31쪽

07. 새틴 스티치로 뚜껑을 채우는 중간 모습입니다.

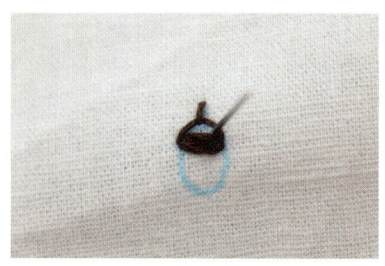

08. 도토리의 하단 테두리를 백 스티치로 수놓습니다.

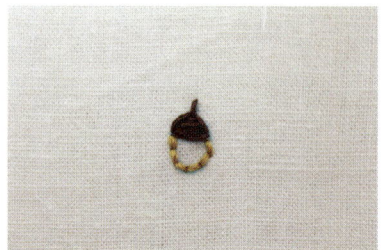

- ⓑ 백 스티치 : 23쪽

09. 왼쪽부터 한 줄씩 세로로 새틴 스티치를 수놓습니다.

10. 도토리가 완성되었습니다.

11. 상단의 'note'는 아웃 라인
스티치로 수놓습니다.

12. 반짝이는 실과 도톰한 면사로 다람쥐를 수놓은 다이어리 커버가 완성
되었습니다.

4

작은 뜨개질 소품
호두알 오너먼트

찬바람이 솔솔 불어올 때 미니어처 양말과 털모자,
스웨터 등의 자수를 놓은 뜨개질 소품을 만들어 보세요.
보기만 해도 따스하고 포근한 겨울 자수에 나무 받침대나
호두알을 이용하면 한층 귀여운 소품으로 변신합니다.

Preparation

· · 사용한 **스티치** · ·

스트레이트 스티치
오픈 휘프 스파이더 웹 스티치
터키 스티치
헤비 체인 스티치

· · **작업 예상 시간** · ·

2시간 정도

· · **작품 사이즈** · ·

지름 2.5cm 정도
(개인에 따라 크기 조절 가능)

· · **자수 사이즈** · ·

2.5cm(가로)×4cm(세로) 정도

· · **준비물** · ·

수틀, 조각 원단, 방울솜

· · 사용한 **자수실** · ·

DCM 25번사, 317, 349, 806, ECRU

🧵 호두알 오너먼트 자수·원단 도안

① 지름이 도안의 2배 정도 되는 원단을
준비합니다. 중앙에 수를 놓은 후
가장자리를 1cm 정도 남기고 홈질합니다.
홈질한 실을 쭉 잡아당깁니다.

806(2),
스트레이트 스티치 후
오픈 휘프 스파이더 웹 스티치

349(2),
터키 스티치

317(3)
헤비 체인 스티치

349(2), ECRU(1),
헤비 체인 스티치

806(3),
헤비 체인 스티치

349(2),
스트레이트 스티치 후
오픈 휘프 스파이더 웹 스티치

② 방울솜을 원하는
만큼 넣어 줍니다.

③ 호두알이나 나무
받침에 글루건을
이용하여 부착합니다.

⑤ 완성되었습니다!

④ 본드를 이용해도
상관없습니다.

호두알 오너먼트 수놓기

01. 도안이 그려진 원단을 수틀에 걸어 줍니다.

02. 스트레이트 스티치로 양말의 목 주름을 수놓습니다.

⊙ 스트레이트 스티치 : 33쪽

03. 양말의 목 부분 하단으로 바늘을 빼내어 잡아당깁니다.

04. 맨 왼쪽에서 첫 번째와 두 번째 기둥에 바늘을 통과시킨 후 잡아당깁니다.

05. 이번에는 맨 왼쪽에서 두 번째와 세 번째 기둥에 바늘을 통과시킨 후 잡아당깁니다.

06. 같은 방법으로 진행하여 마지막 기둥까지 모두 수놓습니다.

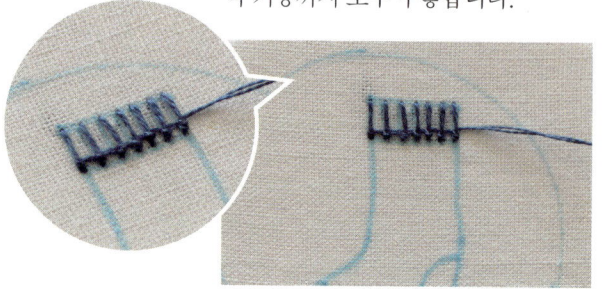

07. 기둥 끝까지 진행되었으면 바늘을 오른쪽 끝에 넣습니다.

08. 첫 번째 라인이 완성되었습니다.

09. 다시 왼쪽 첫 번째 기둥 바로 뒤편으로 바늘을 빼냅니다.

10. 스트레이트 스티치가 보이지 않을 때까지 앞의 과정을 반복합니다.

11. 헤비 체인 스티치를 수놓을 차례입니다. 양말의 목 부분과 몸통이 시작되는 지점으로 바늘을 빼냅니다.

12. 바로 아래에 가땀을 만들어 줍니다.

13. 한 땀 정도 간격을 둔 지점으로 바늘을 빼냅니다.

14. 앞에서 만든 땀에 바늘을 통과시킵니다.

15. 바늘을 잡아 당깁니다.

16. 14번 과정에서 빼낸 자리에 다시 바늘을 넣습니다.

17. 헤비 체인 스티치가 완성된 모습입니다.

18. 다시 한 땀 정도 간격을 둔 지점으로 바늘을 빼냅니다.

🔘 헤비 체인 스티치 : 40쪽

19. 앞에서 만든 두 번째 땀에 바늘을 통과시킵니다. 같은 방법으로 도안을 따라 수놓습니다.

20. 첫 번째 줄이 완성되었습니다.

21. 헤비 체인 스티치로 양말의 면적을 채웁니다.

22. 양말 하단의 비어 있는 작은 부분도 헤비 체인 스티치로 수놓습니다.

23. 양말의 면적을 모두 채웠습니다.

24. 양말의 코 부분으로 이동합니다. 한 땀 정도 간격을 둔 지점으로 바늘을 빼냅니다.

25. 앞 땀에 바늘을 통과시킵니다.

26. 실을 잡아당깁니다.

27. 양말의 몸통을 작업하던 방식으로 도안을 따라 스티치를 수놓습니다. 양말 몸통의 안쪽으로 바늘을 빼냅니다.

28. 양말의 코 부분에 수놓은 마지막 땀으로 바늘을 통과시킨 후 잡아당깁니다.

29. 27번 과정에서 바늘을 빼낸 자리에 바늘을 넣습니다.

30. 중간 모습입니다.

31. 비어 있는 양말의 코 부분을 채운 후 뒤꿈치 부분도 수놓습니다.

32. 따뜻한 털 양말을 수놓은 오너먼트가 완성되었습니다.

• 모자 방울 수놓기 •

01. 모자의 아랫 부분과 몸통은 양말을 만드는 방법과 같습니다. 그래서 털모자의 방울을 만드는 방법만 배워 보겠습니다. 사진과 같은 위치로 바늘을 빼냅니다.

02. 바로 왼쪽에 바늘을 넣습니다.

03. 고리 형태가 남을 때까지만 잡아당깁니다.

04. 오른쪽으로 다시 바늘을 빼내어 실을 잡아당깁니다.

05. 고리 반대편으로 바늘을 넣어 줍니다.

06. 실을 단단히 잡아당겨 처음에 만든 고리를 고정해 줍니다. 이 기법이 바로 터키 스티치입니다.

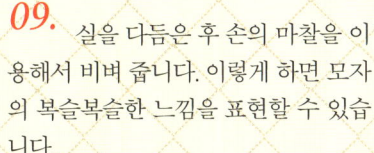
터키 스티치 : 41쪽

07. 같은 방법으로 원을 따라 빙 둘러가며 스티치를 반복하여 수놓습니다.

08. 고리를 가위로 모두 잘라 냅니다.

09. 실을 다듬은 후 손의 마찰을 이용해서 비벼 줍니다. 이렇게 하면 모자의 복슬복슬한 느낌을 표현할 수 있습니다.

5

제주 올레 길을 걸어 본 적 있으신가요?

간세와 리본 이정표

우리나라 가장 남쪽 섬 제주의 올레길을 아시나요?
나뭇가지, 돌담 사이에 간세를 본 적 있나요?
길을 헤맬 때 나타나 안도감을 주는 올레길의 간세와 리본 이정표를 수놓을 시간입니다.

Preparation

・・ 사용한 **스티치** ・・

레이지 데이지 스티치
새틴 스티치
아우트 라인 스티치
헤비 체인 스티치

・・ 작업 예상 시간 ・・

2시간 정도

・・ 작품 **사이즈** ・・

5cm(가로)×5.5cm(세로)

・・ 자수 **사이즈** ・・

4cm(가로)×3cm(세로)

・・ **준비물** ・・

수틀, 원단, 장식 끈, 방울솜

・・ 사용한 **자수실** ・・

DMC 25번사 813, 839, 946, 3345

🧵 간세와 리본 이정표 자수·원단 도안

색이 다른 2장의 원단을 준비합니다.
준비된 원단이 없다면 ②번 원단은 무시하고
①번 원단으로만 만들어도 좋습니다.

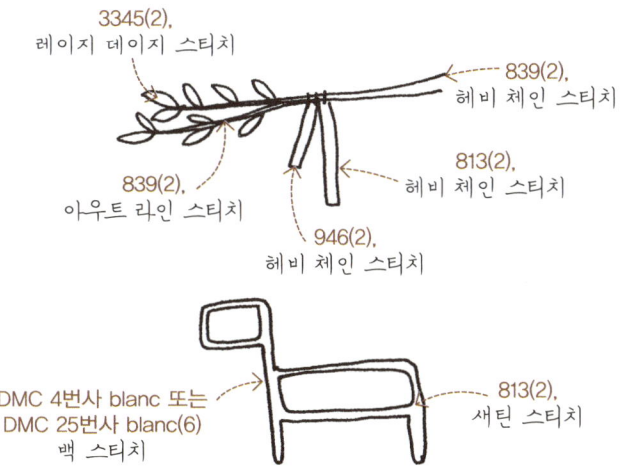

3345(2),
레이지 데이지 스티치

839(2),
헤비 체인 스티치

813(2),
헤비 체인 스티치

839(2),
아우트 라인 스티치

946(2),
헤비 체인 스티치

DMC 4번사 blanc 또는
DMC 25번사 blanc(6)
백 스티치

813(2),
새틴 스티치

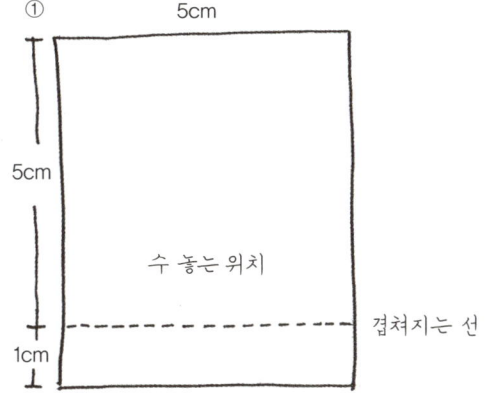

① 5cm

5cm

1cm

수 놓는 위치

겹쳐지는 선

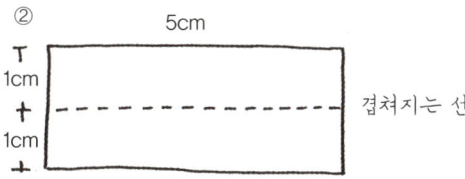

② 5cm

1cm

1cm

겹쳐지는 선

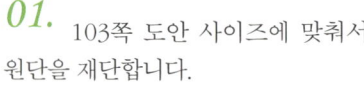

간세 수놓기

01. 103쪽 도안 사이즈에 맞춰서 원단을 재단합니다.

02. 밝은 원단을 아래에 두고 바닥을 표현해 줄 연두색 원단을 위에 포개어 놓습니다.

03. 겹쳐지는 선에 연두색 원단의 끝을 맞춥니다.

04. 중앙 부분을 백 스티치로 꿰매 줍니다.

05. 연두색 원단의 윗부분을 반으로 접습니다.

06. 백 스티치를 한 부분까지 접은 다음 꾹 눌러 줍니다.

🔘 백 스티치 : 23쪽

07. 초록색 원단 바로 위에 도안을 그리고 수틀에 걸어 줍니다.

08. 수를 놓을 때 주의할 점은 그림의 긴 선을 따라서 한 땀으로 표현해야 한다는 것입니다.

09. 다음과 같은 위치로 바늘을 빼 냅니다.

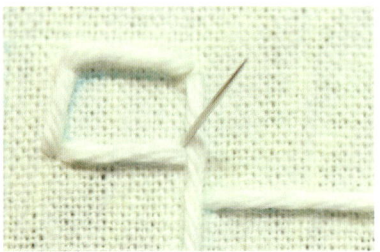

10. 바로 아래에 바늘을 넣어 잡아 당깁니다.

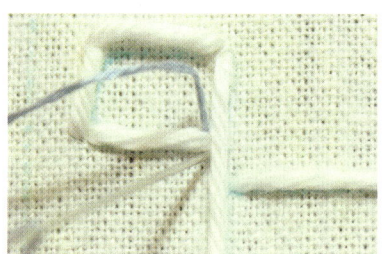

11. 다시 위로 바늘을 빼냅니다. 바늘의 위치는 09번 과정의 왼쪽으로 넣으면 됩니다.

12. 다시 아래로 바늘을 넣고 쭉 잡아당깁니다. 백 스티치로 작업해 둔 수를 돌돌 감으며 입체감을 표현합니다.

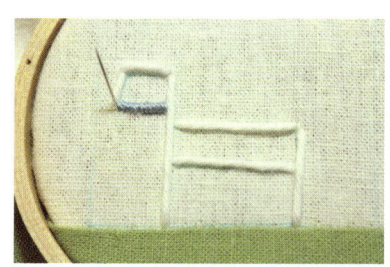

13. 같은 방법으로 이어서 수를 놓습니다. 측면에서 보면 자수가 입체감 있어 보입니다.

리본 이정표 수놓기

01. 도안이 그려진 원단을 수틀에 걸어줍니다.

02. 아웃 라인 스티치로 줄기를 수놓습니다.

03. 헤비 체인 스티치로 두꺼운 가지 부분을 수놓습니다.

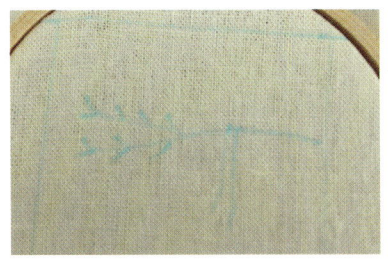

🔵 아웃 라인 스티치 : 37쪽

🔵 헤비 체인 스티치 : 40쪽

04. 레이지 데이지 스티치로 잎사귀를 수놓습니다.

05. 두꺼운 나무 줄기에 두 땀 정도 줄기를 감듯이 수놓습니다. 도안을 따라 약간 아래쪽에서 바늘을 뺍니다.

06. 05번 과정에서 수놓은 땀에 바늘을 통과시킨 후 쭉 빼냅니다.

🔵 레이지 데이지 스티치 : 18쪽

07. 06번 과정에서 바늘을 빼낸 자리에 다시 바늘을 넣어 줍니다.

08. 도안 끝까지 헤비 체인 스티치로 수놓으면 한쪽 리본이 완성됩니다. 오른쪽 리본도 같은 방법으로 수놓습니다.

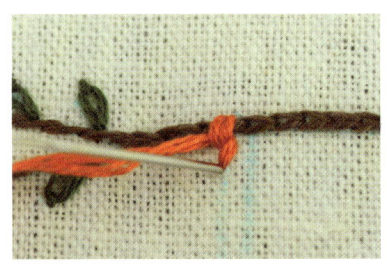

•이정표 소품 만들기•

01. 완성된 2개의 자수를 겉면이 마주 보게 놓습니다. 중앙에 장식 리본을 반으로 접어 안쪽으로 끼워 놓은 후 창구멍을 제외하고 박음질합니다.

02. 창구멍을 통해 원단을 뒤집어 준 후 모양을 잘 잡아 줍니다.

03. 창구멍을 벌려 방울솜을 집어 넣습니다. 재봉실을 이용하여 공그리기로 창구멍을 꿰매어 완성합니다.

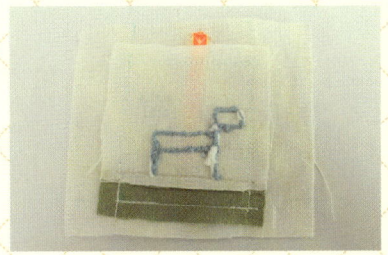

6

다양하게 사용할 수 있는

광목 지수 주머니

사은품으로 받거나 쓰지 않는 주머니가 있다면 수를 놓아 보세요.
많은 실도 필요 없이 특별한 주머니를 만들 수 있어요.
완성된 주머니는 주방 한켠에 걸어 허브도 말리고 화분을 넣어 장식해 보세요.
활용 만점인 작은 주머니에 꽃을 사랑하는 곰 아저씨를 올려 볼게요.

Preparation

· · 사용한 **스티치** · ·

백 스티치
새틴 스티치
스트레이트 스티치
프렌치 노트 스티치

· · 사용한 **자수실** · ·

DMC 25번사 310, 3347, 3820, 4135, 4200,
blanc

· · **작업 예상 시간** · ·

1시간 정도

· · 자수 **사이즈** · ·

6cm(가로)×7cm(세로)

· · **준비물** · ·

수틀, 광목 주머니

 주머니 자수 도안 ─────────

※ 벌의 몸통은 4135(4), 3820(2), 스트레이트 스티치로 수놓았습니다.
※ 벌의 더듬이는 310(2), 스트레이트 스티치로 수놓았습니다.
※ 벌의 날개는 blanc(2), 레이지 데이지 스티치로 수놓았습니다.

4135(2),
아우트 라인 스티치

3347(2),
더블 레이지 데이지 스티치

3820(2),
백 스티치

310(2),
새틴 스티치

310(2), 2번 감기
프렌치 노트 스티치

310(2),
백 스티치

3347(2),
스트레이트 스티치

310(2), 2번 감기
프렌치 노트 스티치

310(2),
새틴 스티치

310(2),
백 스티치

4200(2),
스트레이트 스티치

3347(2),
스트레이트 스티치

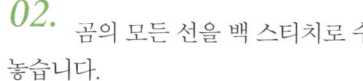 주머니 수놓기

01. 도안이 그려진 원단을 수틀에 걸어 줍니다.

02. 곰의 모든 선을 백 스티치로 수 놓습니다.

● 백 스티치 : 23쪽

03. 귀와 코를 새틴 스티치로 수놓 습니다.

● 새틴 스티치 : 31쪽

04. 곰의 눈은 프렌치 노트 스티치 로 수놓습니다.

● 프렌치 노트 스티치 : 44쪽

05. 스트레이트 스티치를 이용하 여 꽃다발의 줄기와 땅의 풀을 수놓습 니다.

● 스트레이트 스티치 : 33쪽

06. 스트레이트 스티치로 꽃도 수 놓습니다.

07. 두 번째 도안이 그려진 원단을 수틀에 걸어 줍니다.

08. 나뭇가지는 아우트라인 스티치로 수놓습니다.

09. 나뭇잎을 더블 레이지 데이지 스티치로 수놓습니다.

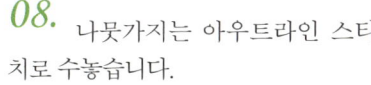

● 더블 레이지 데이지 스티치 : 19쪽

10. 벌통은 백 스티치로 수놓습니다.

11. 벌통과 나뭇가지를 스트레이트 스티치를 두 땀 수놓아 연결된 느낌을 줍니다.

12. 더듬이와 벌의 몸통은 가로, 세로 방향의 스트레이트 스티치로 수놓습니다. 날개는 레이지 데이지 스티치로 수놓습니다.

● 레이지 데이지 스티치 : 18쪽

13. 곰의 선, 앞치마 끈, 눈, 귀, 꼬리를 백 스티치로 수놓습니다.

14. 발톱은 스트레이트 스티치, 눈의 안쪽 선은 백 스티치, 눈의 안쪽 면과 코 안쪽은 새틴 스티치로 수놓습니다.

15. 풀은 스트레이트 스티치로 수놓으면 완성됩니다.

7

양말 자수 액자

산타 할아버지에게 선물을 받기 위해 양말을 걸어 놓듯이
예쁜 수틀에 크리스마스 자수를 놓고 벽에 걸어 보세요.
그림이나 사진처럼 실내 장식용품으로 사용할 수 있어서 매우 좋답니다.

Preparation

· 사용한 스티치 ·

롱 앤드 쇼트 스티치
백 스티치
새틴 스티치
스트레이트 스티치
아웃 라인 스티치
프렌치 노트 스티치

· 사용한 자수실 ·

DMC 168, 310, 783, 817, 893, 910, 3765,
3853, 3861, 3809, 4135, blanc,
Coats Reflecta 314

· 작업 예상 시간 ·

4시간 정도

· 자수 사이즈 ·

12cm(가로)×6cm(세로)

· 준비물 ·

수틀, 원단, 액자 틀

🎀 크리스마스 자수 도안

※ 양말 전체 모든 선은 310(2), 백 스티치로 수놓습니다.

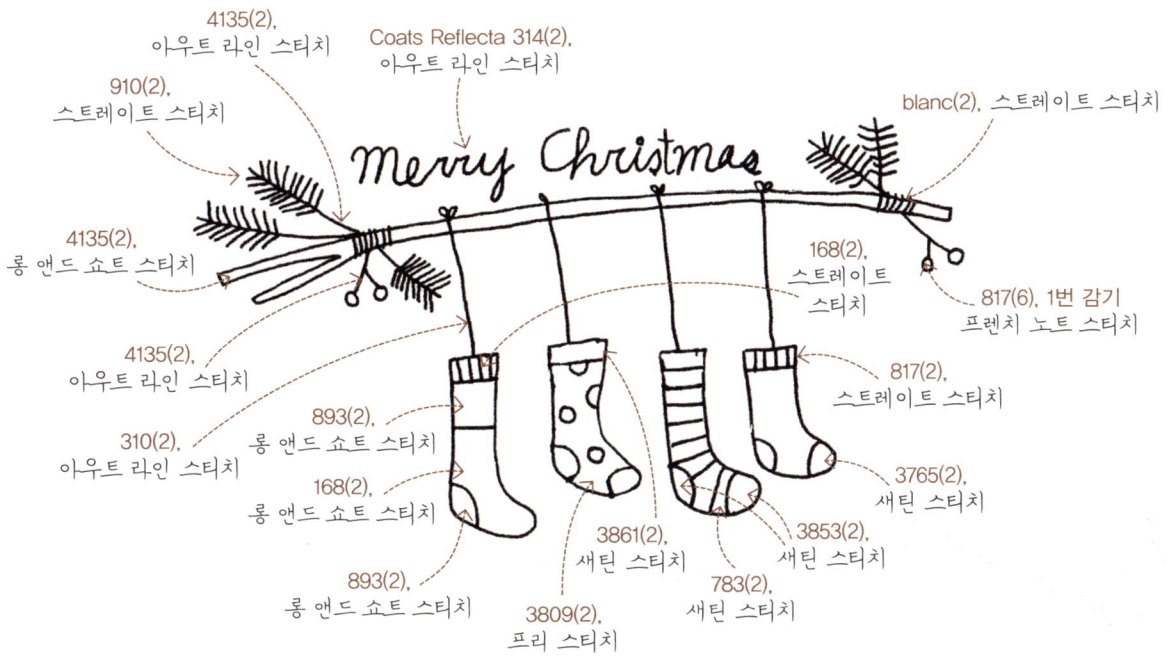

크리스마스 양말 수놓기

01. 도안이 그려진 원단을 수틀에 걸어 줍니다.

02. 나뭇가지의 테두리를 백 스티치로 수놓습니다.

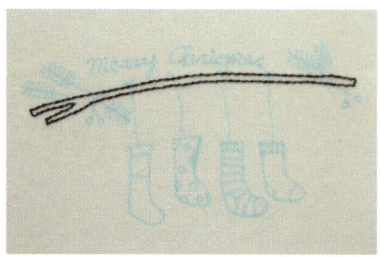

● 백 스티치 : 23쪽

03. 나뭇가지의 속은 롱 앤드 쇼트 스티치로 수놓습니다. 베리에이션사를 사용하면 자연스럽게 색의 변화를 줄 수 있습니다.

04. 잔가지는 아웃 라인 스티치로 수놓습니다.

● 롱 앤드 쇼트 스티치 : 21쪽

● 아웃 라인 스티치 : 37쪽

05. 열매가 달리는 가지도 아웃 라인 스티치로 수놓습니다.

06. 잎사귀는 스트레이트 스티치로 수놓습니다.

● 스트레이트 스티치 : 33쪽

07. 잔가지에 매달린 열매는 프렌치 노트 스티치로 수놓습니다.

08. 상단의 글씨는 아우트 라인 스티치로 수놓습니다. 메탈실은 쉽게 꼬일 수 있으니 평소보다 길이를 짧게 끊어 사용해 주세요.

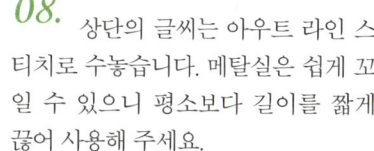

🔘 프렌치 노트 스티치 : 44쪽

09. 양말에 연결된 줄과 양말의 테두리를 백 스티치로 수놓습니다.

10. 도안에 따라서 양말의 속을 수놓습니다. 또는 가족들의 양말을 본따도 좋습니다.

11. 나뭇가지가 조금 심심한 것 같으니 장식을 해 보겠습니다. 스트레이트 스티치를 수놓아 나뭇가지가 묶여있는 효과를 줍니다.

🔘 새틴 스티치 : 31쪽

12. 자수가 완성되었습니다. 액자틀에 방울을 달고 벽에 걸어 보세요.

8

/

앙증맞은 자수가 올라간

작은 리본

작은 자수를 수놓은 리본을 만들어 보세요.
귀여운 머리끈, 브로치, 가방 장식으로도
사용할 수 있는 좋은 소품입니다.

Preparation

· · 사용한 **스티치** · ·

백 스티치
블랭킷 스티치
새틴 스티치
스트레이트 스티치
아우트 라인 스티치
체인 스티치
프렌치 노트 스티치
플라이 스티치

· · 사용한 **자수실** · ·

DMC 25번사 223, 740, 839, 921, 3052, 3853

· · **작업 예상 시간** · ·

2시간 정도

· · 작품 **사이즈** · ·

6.5cm(가로)×4.5cm(세로)

· · 자수 **사이즈** · ·

1cm(가로)×1cm(세로)

· · **준비물** · ·

수틀, 원단, 머리끈

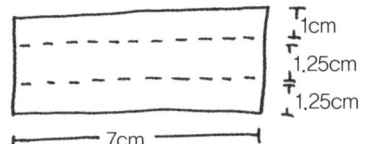 **리본 자수·원단 도안**

①다음과 같은 원단을 준비합니다.

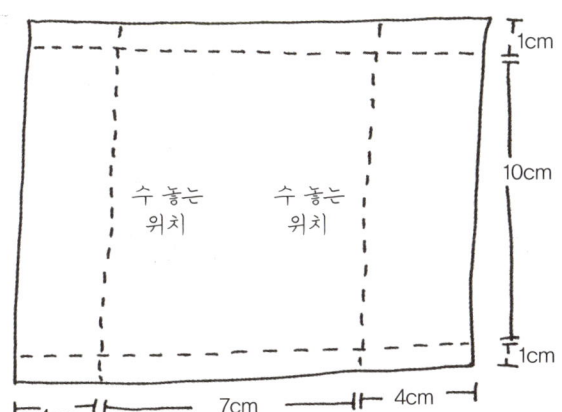

②리본 끈에 사용될 원단을 준비합니다.

🔴 리본 만드는 방법은 120쪽에서 다시 한 번 설명합니다.

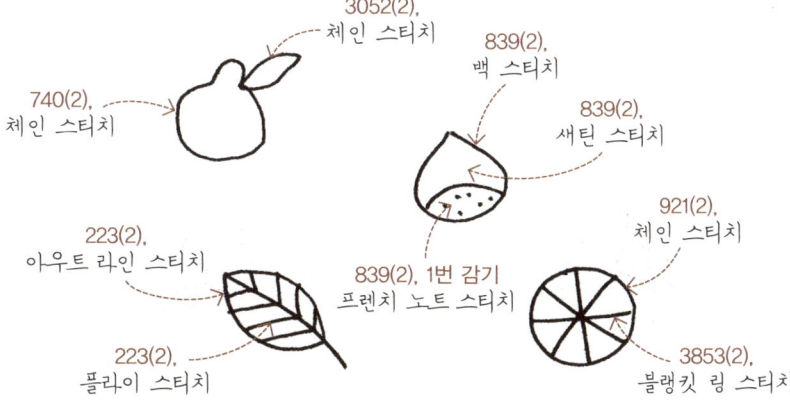

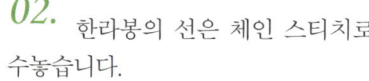

리본 수놓기

01. 다음은 리본에 수놓을 각각의 도안들입니다. 원하는 모양을 골라 수놓기 바랍니다.

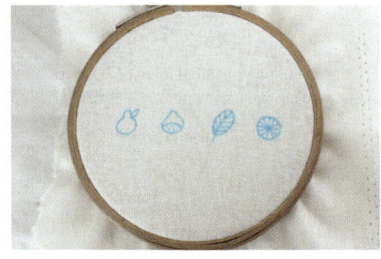

02. 한라봉의 선은 체인 스티치로 수놓습니다.

● 체인 스티치 : 39쪽

03. 한라봉의 잎도 체인 스티치로 수놓습니다. 한 가지 스티치만으로 한라봉이 완성되었습니다.

04. 밤의 선은 백 스티치로 수놓습니다.

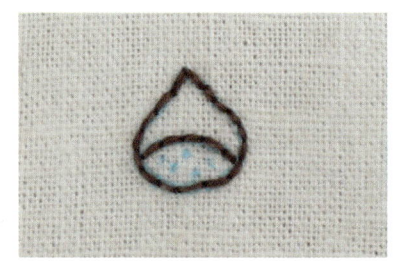

● 백 스티치 : 23쪽

05. 밤의 까칠까칠한 부분은 프렌치 노트 스티치를 1번 감아 수놓습니다.

● 프렌치 노트 스티치 : 44쪽

06. 밤의 몸통을 새틴 스티치로 수놓기 위해 중앙에 가이드 선을 먼저 만들어 줍니다.

07. 왼쪽을 새틴 스티치로 수놓아 면적을 채워 줍니다. 새틴 스티치는 중심에서 가장자리로 이동하며 수놓는 것이 좋습니다.

● 새틴 스티치 : 31쪽

08. 이번에는 오른쪽을 새틴 스티치로 수놓아 면적을 채워 줍니다. 밤이 완성되었습니다.

09. 나뭇잎의 선은 아웃 라인 스티치로 수놓습니다.

● 아웃 라인 스티치 : 37쪽

10. 잎의 상단의 잎맥은 스트레이트 스티치로 가땀을 수놓습니다.

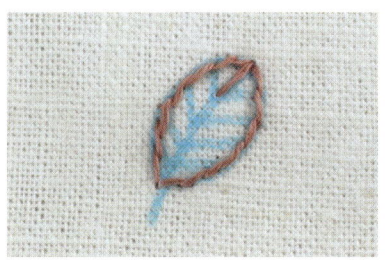

⊕ 스트레이트 스티치 : 33쪽

11. 나머지 잎맥은 플라이 스티치로 수놓습니다. 나뭇잎이 완성되었습니다.

⊕ 플라이 스티치 : 45쪽

12. 귤을 블랭킷 링 스티치로 수놓습니다.

⊕ 블랭킷 링 스티치 : 26쪽

13. 귤의 테두리를 체인 스티치로 한 번 더 수놓습니다. 귤이 완성되었습니다.

· 리본 만들기 ·

01. 수를 놓은 원단을 사이즈에 맞게 재단한 후 뒷면이 보이도록 뒤집어 줍니다. 아래쪽을 1cm 정도 접어 올립니다.

02. 윗면과 접어 올린 면이 맞닿을 수 있도록 반절 접습니다.

03. 포개어진 원단 부분이 중간에 위치할 수 있도록 모양을 잡아 줍니다.

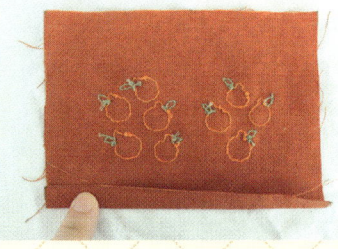

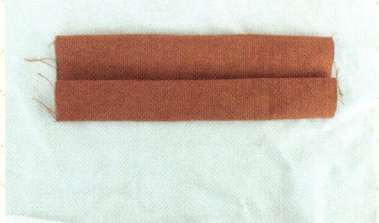

04. 중간을 바늘로 꿰매어 고정합니다.

05. 양쪽에 솜을 넣고 입구를 꿰매어 고정합니다. 감춰지는 부분이기 때문에 바늘 땀이 보여도 상관없습니다.

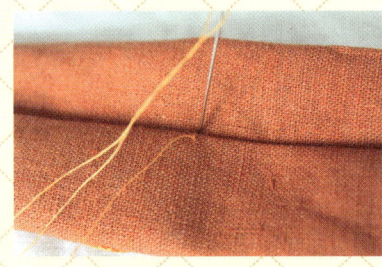

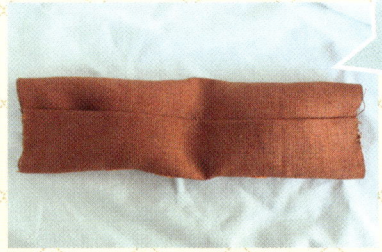

06. 양쪽 끝이 겹쳐질 수 있도록 접은 후 꿰매어 고정합니다.

07. 잘라둔 원단 조각을 1cm가량 접어 올립니다.

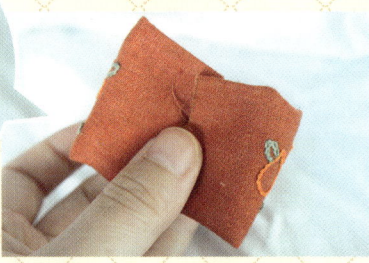

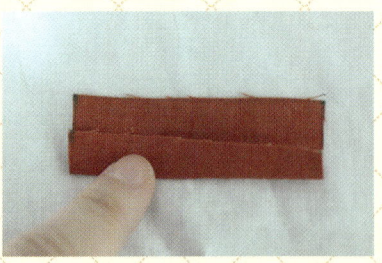

08. 1번 더 접어 올린 후 모양을 잡아 줍니다.

09. 앞서 만든 리본 상단에 꿰매어 고정합니다.

10. 리본의 가운데를 손으로 눌러 모양을 잡아 줍니다.

11. 고정해 둔 원단과 리본 사이에 고무줄을 걸어 놓습니다. 리본 상단에 고정해 둔 원단을 한바퀴 돌린 후 끝을 안쪽으로 살짝 말아 접고 공그리기로 꿰매어 고정합니다.

12. 리본이 완성되었습니다.

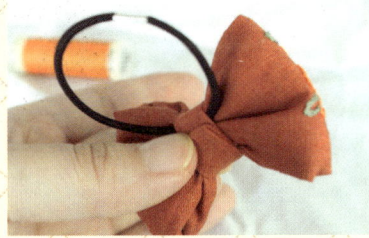

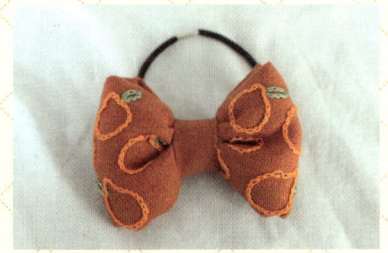

13. 다른 도안으로 리본을 만들어 함께 매치할 수 있습니다.

14. 고무줄 대신 핀을 걸어 브로치로도 사용할 수 있습니다.

9

책상 위의 작은 비밀 공간
소잉 바스켓

가위, 바늘 실을 잘 잃어버린다면 소잉 바스켓에 넣어 보관하세요.
좋아하는 원단을 골라 수를 놓는 간단한 작업이니 초보자도 쉽게 따라할 수 있답니다.
내 바느질 용품을 가지런히 정돈할 수 있는 소잉 바스켓을 만들어 보겠습니다.

Preparation

· · 사용한 스티치 · ·

레이지 데이지 스티치
백 스티치
새틴 스티치
아우트 라인 스티치
카우칭 스티치
프렌치 노트 스티치

· · 사용한 자수실 · ·

DMC 25번사 310, 321, 761, 893, 894, 972,
3826, 3843, ECRU

· · 작업 예상 시간 · ·

2~3시간 정도

· · 자수 사이즈 · ·

11cm(가로)×13cm(세로),
8cm(가로)×9cm(세로)

· · 준비물 · ·

수틀, 퀼팅솜, 원단

 소잉 바스켓 자수·원단 도안

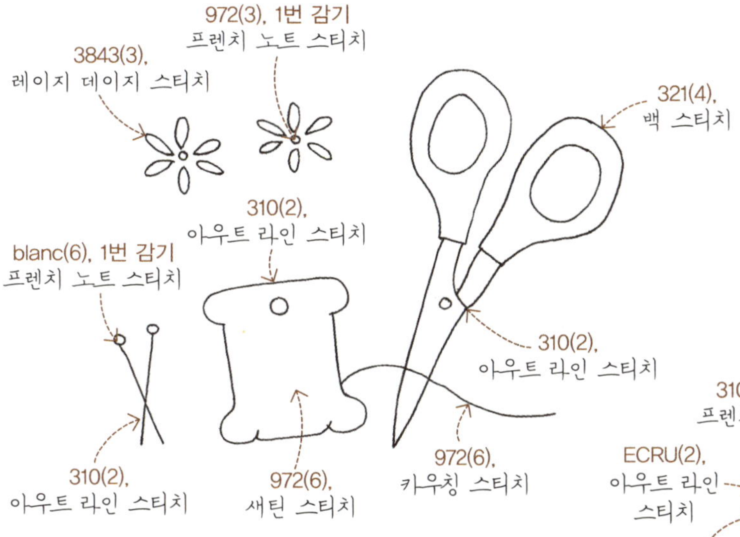

972(3), 1번 감기
프렌치 노트 스티치

3843(3),
레이지 데이지 스티치

321(4),
백 스티치

310(2),
아우트 라인 스티치

blanc(6), 1번 감기
프렌치 노트 스티치

310(2),
아우트 라인 스티치

310(2),
아우트 라인 스티치

972(6),
새틴 스티치

972(6),
카우칭 스티치

310(2),
아우트 라인 스티치

894(2),
새틴 스티치

310(2), 1번 감기
프렌치 노트 스티치

893(2),
아우트 라인 스티치

ECRU(2),
아우트 라인
스티치

Flamingo

761(2),
아우트 라인 스티치

310(2),
아우트 라인 스티치

3826(2),
아우트 라인 스티치

3826(2),
스트레이트 스티치

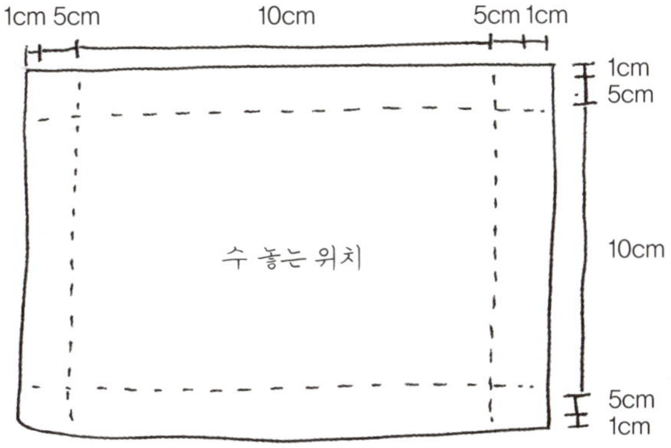

1cm 5cm   10cm   5cm 1cm

1cm
5cm

수 놓는 위치

10cm

5cm
1cm

소잉 바스켓 만드는 방법은 126쪽에 있습니다.

소잉 바스켓 수놓기

01. 원단에 자수 도안과 바스켓 도안을 모두 그려 줍니다.

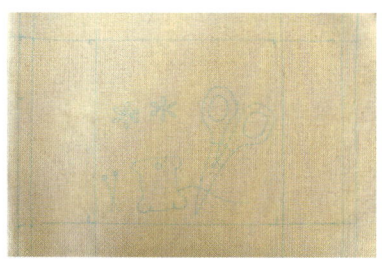

02. 다음과 같이 핀, 실패, 가위를 아우트 라인 스티치로 수놓습니다.

🔘 아우트 라인 스티치 : 37쪽

03. 가위 손잡이는 백 스티치로 수놓습니다.

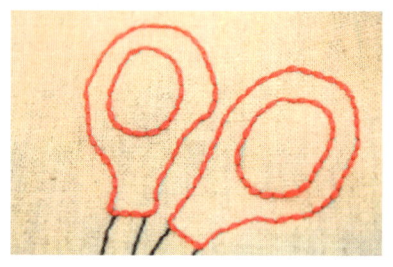

🔘 백 스티치 : 23쪽

04. 도안에 제시된 색이나 좋아하는 색을 골라 6가닥을 바늘에 걸어 줍니다. 다음과 같은 위치로 바늘을 빼 냅니다.

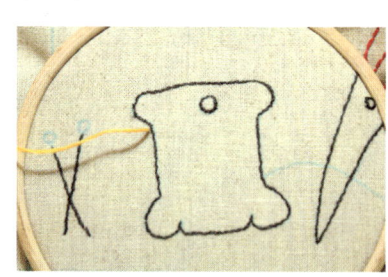

05. 반대편으로 바늘을 넣어 잡아 당깁니다.

06. 04번 과정보다 조금 아래쪽으로 다시 바늘을 빼냅니다.

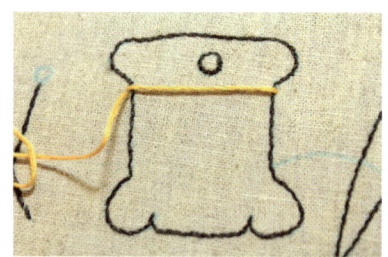

07. 다시 반대편으로 바늘을 넣어 잡아당깁니다.

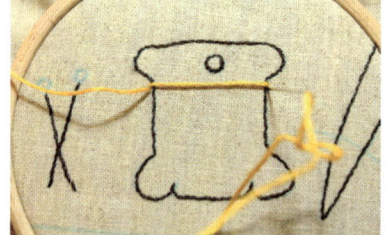

08. 위와 같은 방법을 반복하여 실패에 감긴 실을 표현해 줍니다. 이 기법은 새틴 스티치입니다.

🔘 새틴 스티치 : 31쪽

09. 실패에 감긴 마지막 실에 바늘을 통과시킨 후 잡아당깁니다.

10. 실을 오른쪽으로 펼쳐 놓습니다.

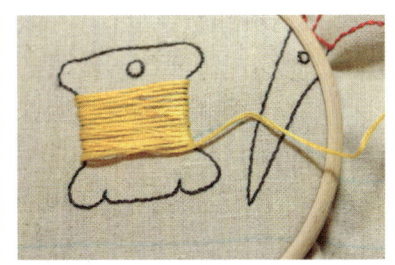

11. 같은 색상의 실 1가닥을 다른 바늘에 걸어 줍니다. 다음과 같은 위치로 바늘을 빼냅니다.

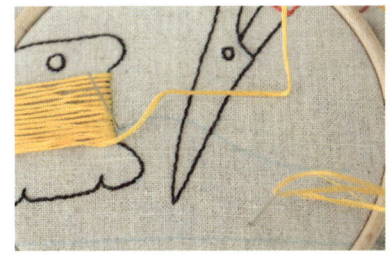

12. 옆으로 펼쳐 놓은 실을 고정하겠습니다.

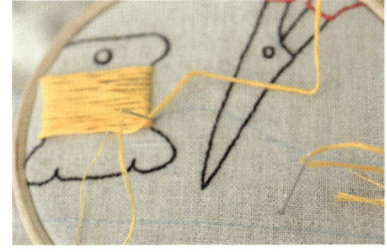

13. 펼쳐 놓은 실에 간격을 두어 매듭을 짓듯이 바느질합니다. 적당한 곳에 바늘을 넣어 실을 수틀 뒷면으로 보냅니다.

14. 수틀을 뒤집습니다. 카우칭 스티치와 오른쪽으로 빼낸 실의 끝을 묶어 정리합니다.

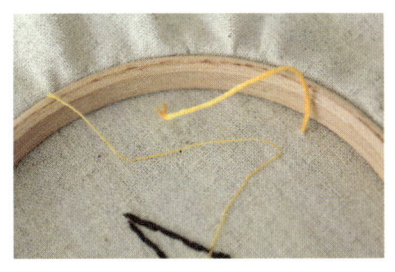

15. 실패에 걸린 실이 완성되었습니다.

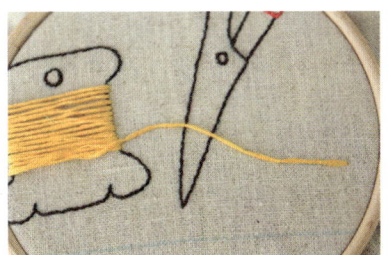

16. 시침핀의 구슬은 프렌치 노트 스티치로 수놓습니다.

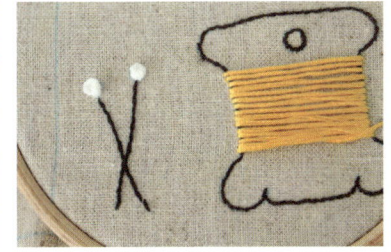

● 프렌치 노트 스티치 : 44쪽

17. 레이지 데이지 스티치로 꽃잎을 수놓습니다.

18. 프렌치 노트 스티치로 수술을 수놓습니다.

19. 완성되었습니다.

🔘 레이지 데이지 스티치 : 18쪽

🪡 플라밍고 수놓기

01. 하트는 새틴 스티치, 하단의 글씨는 아우트 라인 스티치로 수놓습니다.

02. 플라밍고의 눈은 프레치 노트 스티치, 몸통, 부리는 아우트 라인 스티치로 수놓습니다.

03. 다리 역시 아우트 라인 스티치로 수놓습니다. 발끝은 스트레이트 스티치를 수놓습니다.

🔘 새틴 스티치 : 31쪽
🔘 아우트 라인 스티치 : 37쪽

🔘 스트레이트 스티치 : 33쪽

04. 플라밍고가 완성되었습니다.

·소잉 바스켓 만드는 방법·

01. 자수를 놓은 앞면 원단과 뒷면 원단 사이에 퀼팅솜을 넣은 후 꿰맸습니다. 이 과정은 컵받침과 동일한 과정입니다.

02. 뒷면에는 마음에 좋아하는 원단을 덧대어도 좋습니다.

03. 중앙에 큰 사각형 라인을 따라서 백 스티치를 수놓습니다. 이것은 테두리 모양을 잡는 과정입니다.

🔵 백 스티치 : 23쪽

04. 모서리를 살짝 잡아 다음과 같은 모양을 만듭니다.

05. 백 스티치로 네 귀퉁이를 모두 꿰맵니다.

06. 소잉 바스켓이 완성되었습니다.

10

가방 속을 깔끔하게 정리해 주는

휴대용 티슈 케이스

한 번 만들면 두고두고 유용하게 사용할 수 있는
티슈 케이스를 만들어 보겠습니다.
자칫 밋밋할 수 있는 티슈 케이스에
포인트 귀여운 자수를 넣는 것도 잊지 마세요.

· 사용한 **스티치** ·

레이지 데이지 스티치
스트레이트 스티치
플라이 스티치

· 사용한 **자수실** ·

애플톤 울실 543, 991b

· **작품 사이즈** ·

18cm(가로)×14cm(세로)

· 작업 예상 시간 ·

2시간 정도

· · 준비물 · ·

수틀, 아플리케바늘, 원단, 비즈

 티슈 케이스 자수·원단 도안

① 다음과 같은 큰 원단 1장과 작은 원단 2장을 준비합니다.
작은 원단 2장은 안감이 위로 향하게 두고 반으로 접어 줍니다.

비즈

991b(1),
스트레이트 스티치

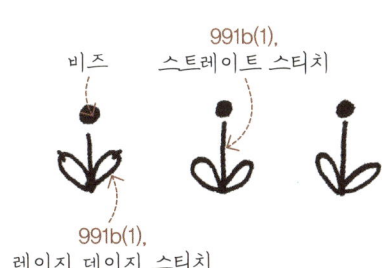

991b(1),
레이지 데이지 스티치

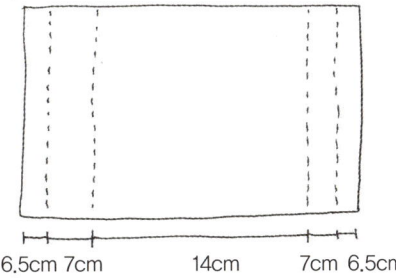

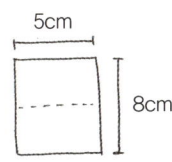

5cm

8cm

6.5cm 7cm   14cm   7cm 6.5cm

② 큰 원단의 겉면을 위로 향하게 두고 양 옆을 13.5cm 안쪽으로
접어 줍니다. 이어서 양 옆을 6.5cm 바깥쪽으로 접어 줍니다.

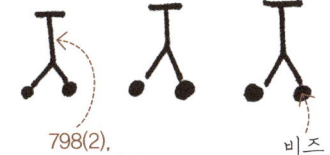

798(2),
플라이 스티치

비즈

③ 큰 원단 위에 작은 원단 2장을 다음과 같이 올려 줍니다.
시접 선을 따라 각각 1cm씩 박음질합니다.

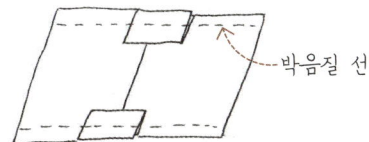

박음질 선

티슈 케이스 수놓기

01. 첨부된 사이즈로 원단을 재단한 후 도안을 그려 줍니다. 반복 패턴 자수이니 작업 순서를 참고해 주세요.

02. 중앙에 스트레이트 스티치로 줄기를 수놓습니다.

03. 레이지 데이지 스티치로 잎을 수놓습니다.

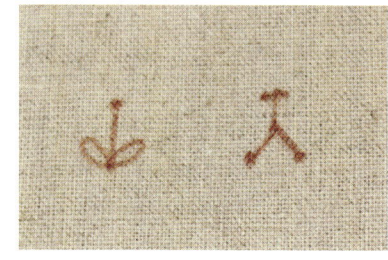

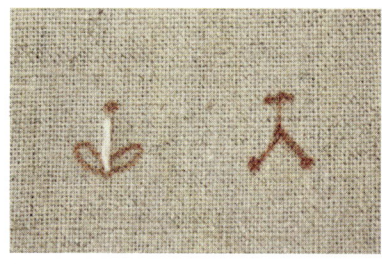

● 스트레이트 스티치 : 33쪽

● 레이지 데이지 스티치 : 18쪽

04. 비즈용 바늘에 실을 1가닥을 걸어 준 후 꽃봉오리 지점으로 빼냅니다.

05. 비즈를 통과시킨 후 고정합니다.

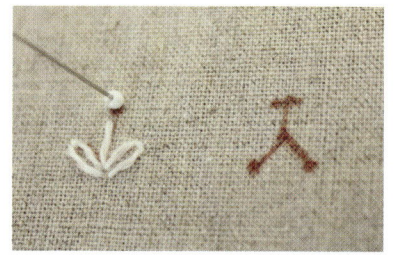

06. 실을 2번 정도 감아 고정해 주면 완성입니다.

07. 앵두를 수놓겠습니다. 앵두의 줄기는 플라이 스티치가 거꾸로된 형태로 수놓겠습니다.

08. 엎어진 형태의 플라이 스티치가 완성되었습니다.

● 플라이 스티치 : 45쪽

Embroidery

09. 상단에 스트레이트 스티치로 선을 넣습니다.

10. 열매는 비즈로 표현하겠습니다. 붉은색 비즈를 사용할 경우 실의 색상도 같은 색상으로 사용해 주세요. 사진에서는 실이 지나가는 모습을 보여 주기 위해 다른 색상의 실을 사용하였습니다.

11. 수를 놓은 티슈 케이스가 완성되었습니다.

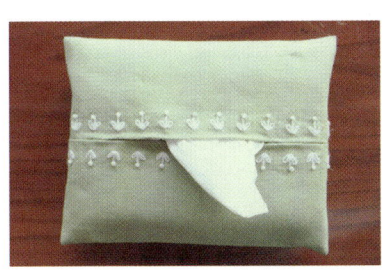

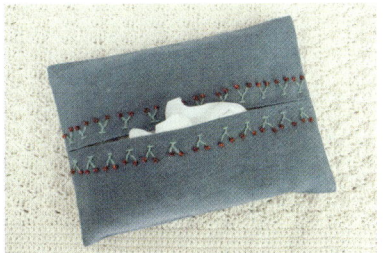

------- 프렌치 프라이드가 좋아 -------

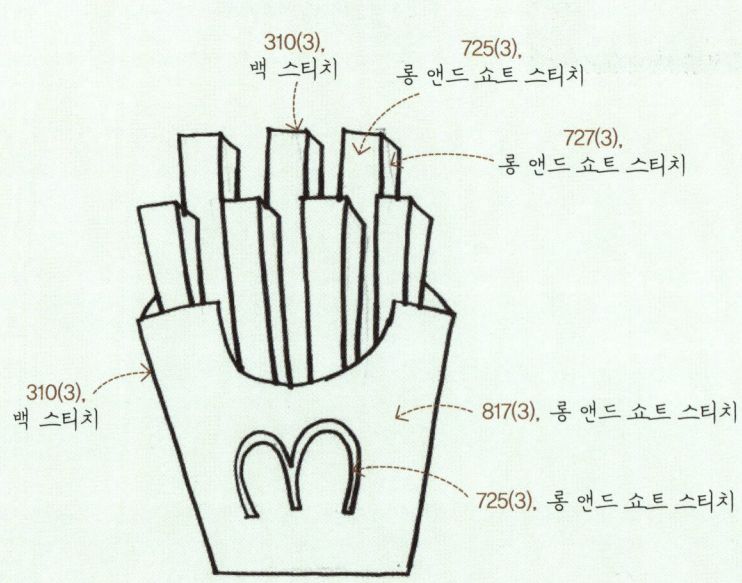

310(3),
백 스티치

725(3),
롱 앤드 쇼트 스티치

727(3),
롱 앤드 쇼트 스티치

310(3),
백 스티치

817(3), 롱 앤드 쇼트 스티치

725(3), 롱 앤드 쇼트 스티치

Embroidery

OH I like you

※ 모든 선은 310(3), 백 스티치로 수놓았습니다.

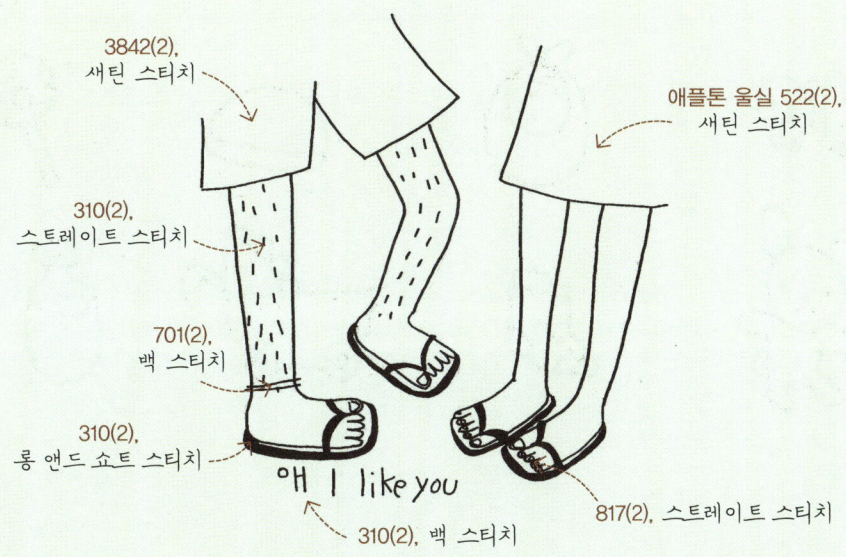

3842(2),
새틴 스티치

애플톤 울실 522(2),
새틴 스티치

310(2),
스트레이트 스티치

701(2),
백 스티치

310(2),
롱 앤드 쇼트 스티치

817(2), 스트레이트 스티치

310(2), 백 스티치

황새가 아기를 물어 왔어요

예쁜 스프라이트 티셔츠

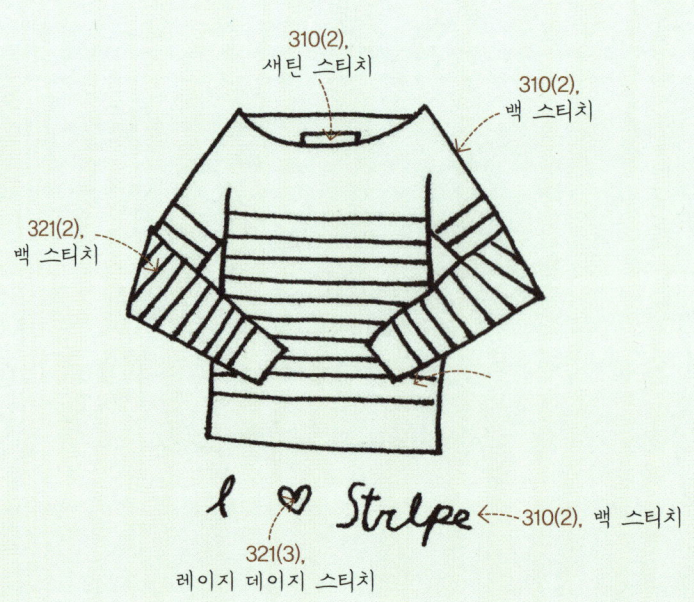

310(2),
새틴 스티치

310(2),
백 스티치

321(2),
백 스티치

310(2), 백 스티치

321(3),
레이지 데이지 스티치

5

릴렉스 체어와 함께하는 캠핑

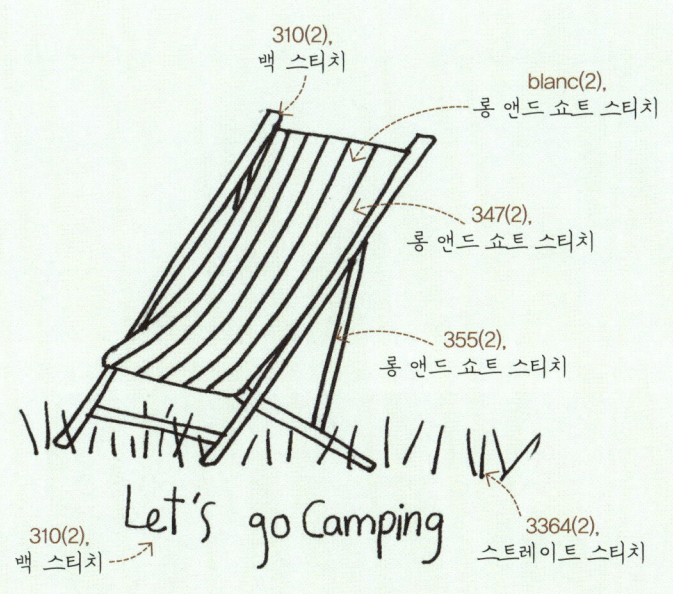

310(2),
백 스티치

blanc(2),
롱 앤드 쇼트 스티치

347(2),
롱 앤드 쇼트 스티치

355(2),
롱 앤드 쇼트 스티치

310(2),
백 스티치

Let's go Camping

3364(2),
스트레이트 스티치

알록달록 싱싱한 식재료

※ 모든 선은 3031(6), 백 스티치로 수놓았습니다.

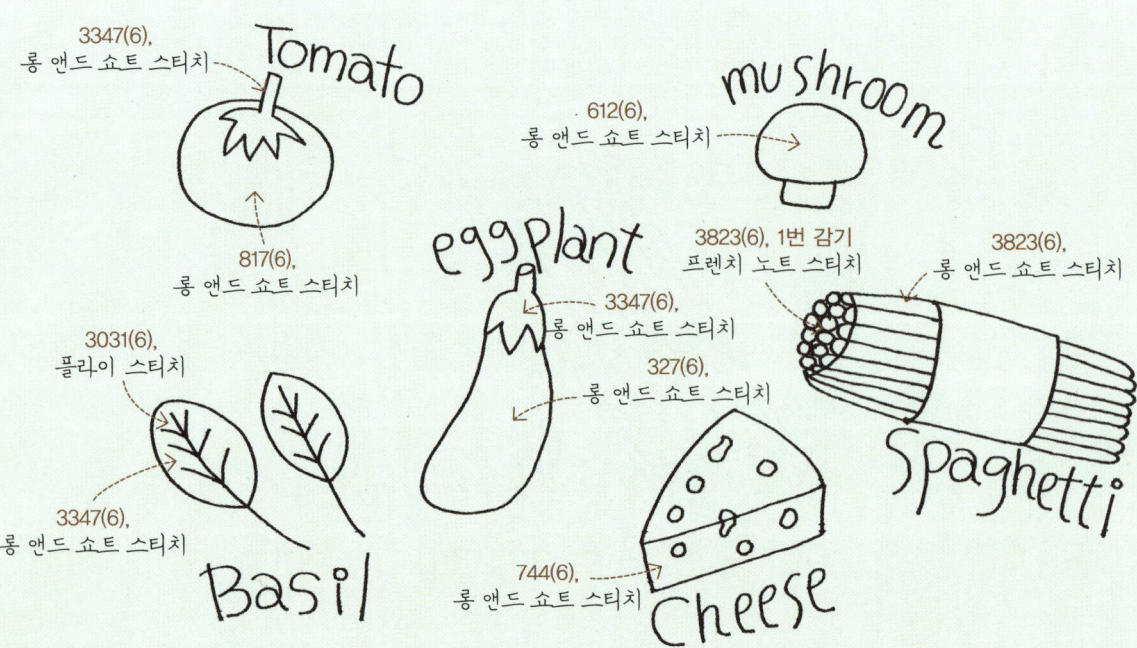

3347(6),
롱 앤드 쇼트 스티치

817(6),
롱 앤드 쇼트 스티치

612(6),
롱 앤드 쇼트 스티치

3031(6),
플라이 스티치

3347(6),
롱 앤드 쇼트 스티치

3347(6),
롱 앤드 쇼트 스티치

327(6),
롱 앤드 쇼트 스티치

744(6),
롱 앤드 쇼트 스티치

3823(6), 1번 감기
프렌치 노트 스티치

3823(6),
롱 앤드 쇼트 스티치

꽃으로 만든 LOVE 레터링

※사진에서 사용된 실은 천연 염색 울실로 시중에서 구할 수 없습니다.
그래서 비슷한 색상의 25번사로 대체하여 표기했습니다.

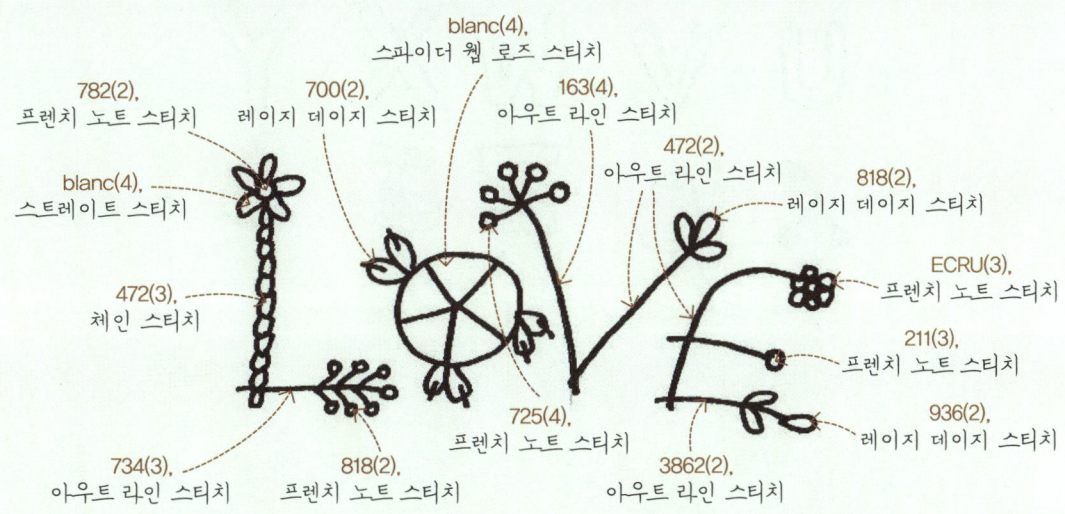

blanc(4),
스파이더 웹 로즈 스티치

782(2),
프렌치 노트 스티치

700(2),
레이지 데이지 스티치

163(4),
아우트 라인 스티치

472(2),
아우트 라인 스티치

818(2),
레이지 데이지 스티치

blanc(4),
스트레이트 스티치

ECRU(3),
프렌치 노트 스티치

472(3),
체인 스티치

211(3),
프렌치 노트 스티치

936(2),
레이지 데이지 스티치

734(3),
아우트 라인 스티치

818(2),
프렌치 노트 스티치

725(4),
프렌치 노트 스티치

3862(2),
아우트 라인 스티치

깜찍한 레터링 필통

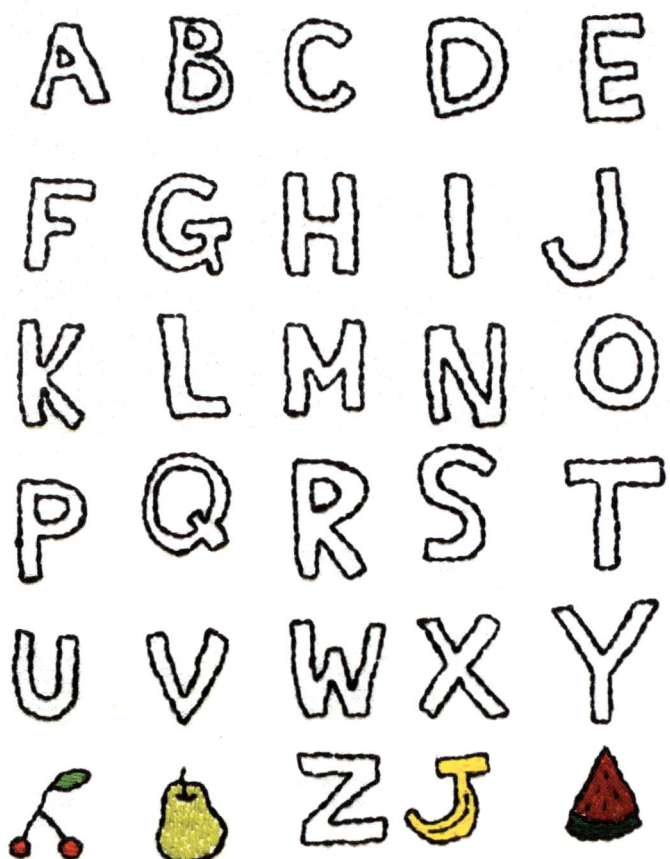

※모든 선은 310(3), 백 스티치로 수놓았습니다.

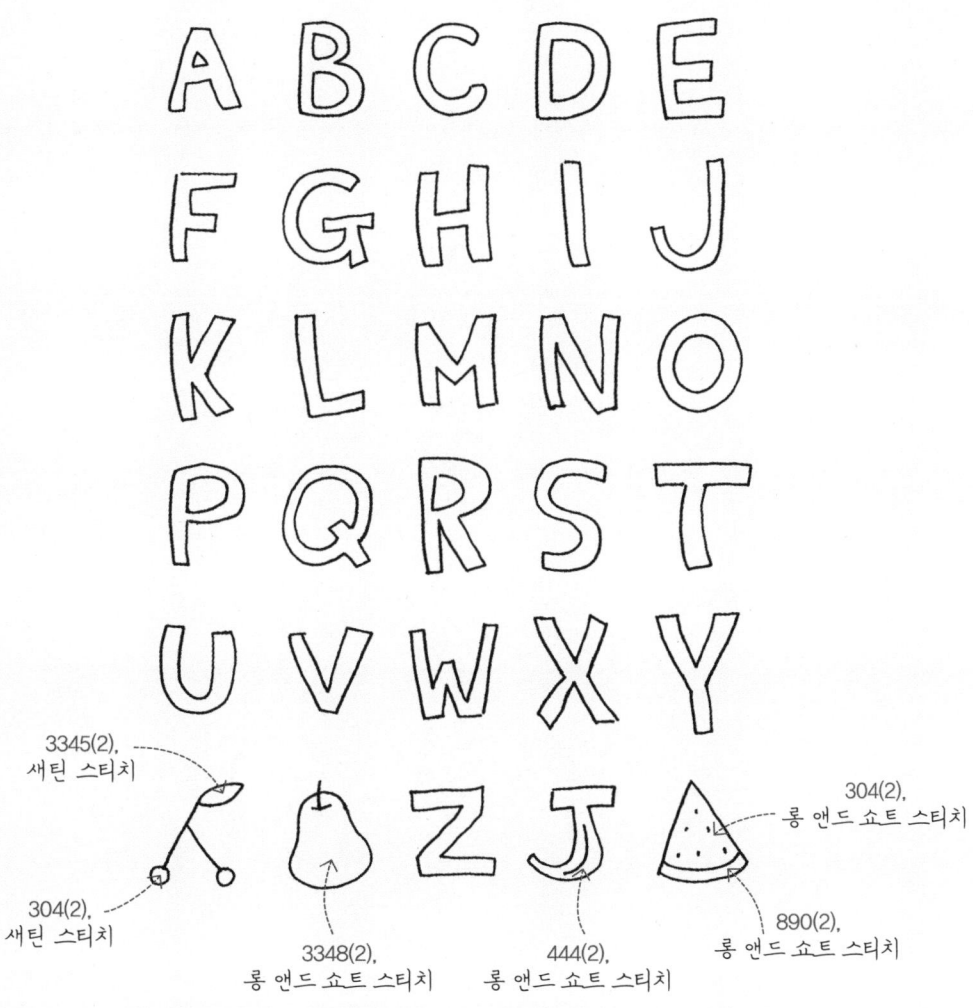

3345(2),
새틴 스티치

304(2),
새틴 스티치

3348(2),
롱 앤드 쇼트 스티치

444(2),
롱 앤드 쇼트 스티치

304(2),
롱 앤드 쇼트 스티치

890(2),
롱 앤드 쇼트 스티치

마음을 채우는 한 끼, 도서출판 책밥입니다.
반복되는 일상에 지친 당신에게
새로운 에너지를 공급하는 책을 만들겠습니다.
정성껏 준비한 한 끼로
독자 여러분의 마음을 든든하게 채워 드립니다.